모든 씨앗은 숲을 그린다

모든 씨앗은 숲을 그린다

초판 1쇄 발행 | 2018년 8월 20일

지은이 | 김기철
펴낸이 | 박상두
편집 | 이현숙, 박현지
디자인 | 여혜영
마케팅·제작 | 박홍준

펴낸곳 | 두앤북
주소 | 04535 서울시 중구 명동2길 34, 중앙전화국 9층 9117호
등록 | 제2018-000033호
전화 | 010-5355-3660
팩스 | 02-6488-9898
이메일 | whatiwant100@naver.com

값 | 13,000원
ISBN | 979-11-963592-1-8 03300

이 도서의 국립중앙도서관 출판예정도서목록(CIP)은 서지정보유통지원시스템 홈페이지(http://seoji.nl.go.kr)와 국가자료공동목록시스템(http://www.nl.go.kr/kolisnet)에서 이용하실 수 있습니다.(CIP제어번호 : CIP2018024585)

더 좋은 미래를 만드는 생각과 생각

모든 씨앗은 숲을 그린다

김기철 지음

나는 지금

무엇을 위해

살고 있는가

두앤북

물은 수도꼭지에서 나오지 않는다!

미국 연수 기간 동안 아이들에게 '말타기'를 배우게 했습니다. '승마'라 부를 수 없는, 말 그대로 '말타기'였어요. 학교 마치고 일주일에 2번, 집근처에 있던 스펜스농장(Spence's Farm)에 가서 배우는 것이었는데 서울에서 수영 가르치는 비용보다 적게 들었어요.

보통 때는 말타기 수업이 끝나는 시간에 맞춰 아이들을 데리러 가는데 어느 날은 말 타는 모습이 궁금해 일찍 농장에 갔습니다. 승마장에서 아이들을 기다리는데 아무리 기다려도 아이들이 나타나지 않는 거예요. 기다리다 못해 마구간으로 가보니 아이들이 말에게 빗질을 해주고 물을 먹이고 있었습니다.

아이들의 말타기 수업은 모두 2시간으로 구성되었는데, 우선 30분 동안 말에게 먹이를 주고 빗질을 해주고, 안장을 채웁니다. 말과 친밀

해지는 시간을 갖는 것이지요. 그런 뒤 1시간 동안 말을 탑니다. 말타기가 끝나면 다시 안장을 풀고 빗질을 하고, 풀밭에 데려가 풀을 먹입니다.

이 농장의 말타기 프로그램에 항의하는 사람들은 한국 학부모밖에 없다는 이야기를 들었습니다. 2시간 동안 말을 타게 해서 실력이 쑥쑥 늘게 해야지 왜 아이들에게 말 먹이를 주고 목욕시키는 일을 하게 하느냐는 것이죠. 아이들은 말타기를 배우러 왔지 허드렛일을 하러 온 게 아니라는 것이 한국 부모들의 항변이었습니다.

이 작은 이야기 속에서 두 사회를 가르는 큰 차이를 발견할 수 있습니다. 왜 한국의 중고등학생들은 수학올림피아드, 물리올림피아드 등에서는 눈부신 성과를 내는데 기초과학 분야에서는 주목할 만한 성과를 내는 과학자가 한국에 없는지, 왜 미국 중고등학생들의 학업 성취는 느린 것 같은데도 과학의 진보와 위대한 기술 혁신은 미국에서 탄생하는지 그 차이를 바로 저 말타기 교육에서 확인할 수 있습니다. '말을 빨리, 잘 타게' 하는 것이 한국 교육의 목적이라면, '말과 함께 공감하며 말을 즐겁게 타게' 하는 것이 미국 교육의 목적인 셈이지요.

이것은 비단 교육에만 국한된 문제가 아닙니다. 한국 사회 전체가

'속도'와 '효율', '경쟁력'이라는 강박에 사로잡혀 있습니다. 사실 이것이 오늘의 한국을 있게 한 원동력이라는 점은 부인할 수 없습니다. 그런데 이제 한국 사회는 속도와 효율성으로 유지할 수 없을 만큼 성장했고, 역설적으로 속도와 효율 강박이 온갖 사회문제의 주요 원인이 되었습니다. 이제 한국 사회의 기어를 낮추고 새로운 방향을 찾아야만 할 때입니다.

몇 해 전 이어령 선생님과 인터뷰를 했을 때 선생님이 이런 말씀을 하셨습니다.

"사람들은 물이 수도꼭지에서 나오는 줄 알고 있어."

물은 분명히 수도꼭지에서 나오지요. 하지만 수도꼭지가 물을 만들어내는 것은 아닙니다. 물이 부족하거나 더러운 것도 수도꼭지의 문제가 아닙니다. 그럼에도 문제가 생기면 사람들은 수도꼭지만 바라봅니다. 마치 수도꼭지만 바꾸면 문제가 해결될 것처럼.

정부가 내놓는 저성장 대책, 저출산 대책, 교육 대책, 청년실업 대책 등을 볼 때마다 이어령 선생님의 말씀이 생각납니다. 대책들이 모두 '수도꼭지 교체'처럼 보이니까요.

문제는 수도꼭지에 있지 않습니다. 수원지의 물이 마르고 오염되어 있는데 집집마다 수도꼭지를 바꾼다고 맑은 물이 콸콸 쏟아지지는 않습니다. 우리 모두가 함께 수원지의 물을 맑게 하고, 다시 채우고, 새로운 수원지도 찾아나서야 한다는 얘기입니다. 어떻게 현재의 수원지를 맑게 하고, 새로운 수원지를 찾을 수 있는지 저 나름의 고민을 이 책에 담았습니다.

이 책의 뿌리는 2016년 말부터 시작한 '김기철의 책으로 세상 읽기'라는 제목의 연재물입니다. 주말마다 광화문에 수십만 명의 사람들이 촛불을 들고 광화문에 모일 때입니다. 광장에서 함께 촛불을 들고 우리가 마주한 이 불행의 근본 원인은 무엇인가 고민했고, 타인의 고통에 공감할 줄 모르는 지도자를 뽑은 잘못에서 기인한다고 생각했습니다. 그러면서 얀 마텔의 책 《각하, 문학을 읽으십시오》를 떠올렸습니다. 저자는 이 책의 한국어판 서문에서 박근혜 대통령에게 쓴 편지를 통해 "문학을 읽으십시오. 그것이 새로운 세계를 꿈꾸는 하나의 방법"이라고 충고했습니다. 물론 그 편지는 전해지지 않았고 당연히 박 대통령은 그 충고를 따르지 않았습니다.

사람들과 더불어 '더 좋은 미래를 만드는 생각과 생각'을 나누고 싶었습니다. 제가 할 수 있는 일은 책을 읽고 떠오른 생각들과 나름의 경험을 사람들과 나누는 것이었습니다. 그래서 '김기철의 책으로 세상 읽기'를 시작했습니다. 이 생각의 편린들이 책이 될 것이라고는 생각지 못했습니다. 일관성 없는 생각의 조각들이 책이 되어 세상에 나올 수 있었던 것은 전적으로 편집자 덕분입니다. 두앤북의 박상두 편집자는 "생각의 씨앗이 뿌려지지 않으면 나무도 될 수 없고, 숲도 될 수 없다"며 제가 용기를 낼 수 있게 도와주었습니다.

공저로는 몇 권의 책을 썼지만 단독 저자로는 처음이라 그럴까요? 출간을 앞두고 이 글을 쓰게 되니 영화제에서 처음으로 상을 받는 배우의 심정이 됩니다. 고마운 사람들의 이름을 하나하나 불러내야 할 것 같습니다.

농투성이인 아버지와 어머니는 막내아들이 '펜대 굴리는 사람'이 되기를 소망했습니다. 부모님이 생각하는 펜대 굴리는 사람은 면사무소 주사이거나 농협 직원이었을 테지만, 아무튼 저는 부모님 소망대로 펜대 굴리는 사람으로 살아왔습니다. 아버지의 부지런함과 어머니의 사려 깊음이 오늘의 저를 있게 했습니다. 부모님 곁을 떠나 중고등학교를 무사히 마칠 수 있었던 것은 큰누나와 매형 덕분이었습니다. 원칙만 고수하면 고루해지기 쉽고 유연하기만 하면 가벼워지기 쉬운 법인데, 장인 어르신은 원칙을 지키면서도 유연하고, 유연하면서도 원칙을 지키는 방법을 말씀과 삶으로 가르쳐주셨습니다. 저희 부부가 맞벌이 부부로 살면서도 두 아이를 탈 없이 키우고 각자의 직장에서 작은 성취라도 이루어나갈 수 있었던 것은 장모님의 사랑 덕분이었습니다. 갚지 못한 빚 같은 고마움이 제 마음속에서 이자를 불려가고 있습니다.

끝으로 사랑하는 아내 민길홍, '과학자'의 꿈을 키워가는 큰아들 주원, 어디서든 주변을 환하고 유쾌하게 만드는 재주가 있는 둘째아들 도원에게 "계속, 함께, 행복하자"는 말을 전하고 싶습니다.

김기철

차 례

저자의 말
물은 수도꼭지에서 나오지 않는다! • 004

1

무엇이 인생의 가치를 좌우하는가

성실하게만 살아서는 안 된다 • 015
원하는 곳에서 살아갈 자유가 있는가? • 023
새로운 가치에 눈뜨고 싶은가? • 029
인생이 꼭 계획적일 필요는 없다 • 035
쓸모없는 것은 결코 쓸모없지 않다 • 042

2

나는 지금 무엇을 위해 살고 있는가

핀치의 물음, 당신은 어떤 부리를 가졌는가? • 051

억압의 언어, 자유의 언어 • 060

신은 왜 주사위 놀이를 하지 않을까? • 066

나를 지키는 최선의 방법 • 073

싸우는 자는 실패하지 않는다 • 082

죽음이 삶에 던지는 질문 그리고 해답 • 089

3

씨앗의 기다림이 숲을 만든다

우리는 모두 '별'에서 왔다 • 101

'위대한' 씨앗의 속삭임 • 107

알고리즘이 위험하다 • 116

식물이 위로한다 • 124

인간은 어떻게 지구를 정복했을까? • 132

4

성숙한 공존은 어떻게 가능한가

당신이 전염병에 걸리지 않은 것은 건강해서가 아니다 • 141
사회를 바꾸고 싶은가? • 149
말은 어떻게 칼이 되는가 • 156
대한민국 여성들은 속으로 운다 • 163
찍벌남은 페미니스트가 될 수 있을까? • 171
정의는 '포기'할 때 살아날 수 있다 • 178
이기심이 공동체에 기여하게 하려면 • 185

5

우리의 미래는 우리가 원했던 미래일까?

'극장국가' 북한을 어떻게 상대할 것인가 • 195
미국은 체스를, 중국은 바둑을 두는데… • 202
미래는 '다운사이징'에 있다 • 209
'멋진 마을'은 어떻게 탄생했을까? • 216
우리는 더 스웨덴스러워져야 한다 • 223

1

무엇이 인생의 가치를 좌우하는가

성실하게만 살아서는 안 된다

《한나 아렌트의 말》을 다시 꺼내 읽은 것은 문화체육관광부 A과장의 이야기를 들었기 때문이다. A과장은 2013년부터 2016년까지 박근혜 정부에서 블랙리스트 작성의 실무를 담당했던 사람이다.

9급 공채로 시작해 4급 서기관으로 승진한 A과장은 32년간 헌신적으로 일했다고 한다. '국민 앞에 진실을 밝혀달라'는 기자들의 요청에 A과장은 "저는 잘 몰라요. 맨 밑에서 일했던 사람이에요. 죄송해요"라며 수차례 거절했다. 기자의 요청이 반복되자 그는 이렇게 대답했다.

"조직에서 지시하면 나가겠습니다. 저 혼자 결정할 사안은 아닌 것 같습니다."

A과장뿐 아니라 '최순실 게이트(박근혜 대통령의 비선실세 최순실 씨의 국정 개입 의혹 보도로 시작되어 박 대통령의 탄핵과 구속으로 이어진 사건)'로 구

속된 대부분의 공직자와 교육자들은 모두 자기 임무에 성실했던 사람들이고 조직의 요구에 몸을 던진 사람들이었다.

국정원 간첩조작 사건을 다룬 영화 〈자백〉(감독 최승호)에서 가장 인상적인 장면은 김기춘 전 청와대 비서실장 부부와 최승호 피디가 공항에서 마주치는 모습이었다. 2015년 초, 청와대 비서실장을 그만둔 뒤 김포공항에서 일본으로 가는 비행기 탑승 시간을 기다리던 김기춘 실장 부부에게 최 피디가 다가가 말을 걸었다.

"간첩조작 사건에 관여하지 않았느냐?"는 최 피디의 질문에 "모르는 일"이라고 답하면서 김 전 실장 부부가 자리를 피하는데, 그 짧은 순간에도 그들은 서로를 배려하는 모습이 역력했다. 김 전 실장은 부인을 보호하려 했고, 부인은 김 전 실장을 막아주려 했다. 그 모습을 보며 '김기춘 전 실장도 집에서는 자상한 남편이자 존경받는 가장이겠구나' 하는 생각이 들었다.

임철우의 소설 《붉은 방》에는 시국 사건에 연루되었다는 누명을 쓴 오기섭이 수사관 최달식에게 고문을 당하는 모습이 나온다. 하지만 소설 속에서 오기섭이 가장 괴로워한 때는 최달식에게 고문을 당할 때가 아니었다. 온갖 고문으로 오기섭이 탈진해 있을 때 최달식은 자기 집으로 전화를 걸어 아들과 통화한다. 밥은 먹었는지, 학교에서 친구들이랑 재밌게 놀았는지, 밤에 뭐 먹고 싶은지, 다른 어떤 아버지보다 다정하고 상냥하게 묻는다. 오기섭은 자신을 잔혹하게 고문했던 자가 '악마'가 아니라 우리와 똑같은 '인간'이라는 사실을 알고 울부짖는다.

악의 참모습

'악(惡)'은 히틀러 같은 '악인(惡人)'에 의해 기획되지만, 그 악을 구체적으로 실행하는 사람들은 우리 같은 평범한 사람들이다. 평범한 사람들 중에서도 누구보다 성실하고 부지런한 사람들이다. 이를 한나 아렌트는 '악의 평범성'이라고 정의했다.

독일 태생의 유대계 정치학자인 한나 아렌트는 나치의 유대인 학살자 아돌프 아이히만의 재판 과정을 기록하고 인터뷰해 1963년 《예루살렘의 아이히만》이라는 책을 내놓는다. 이 책에서 아렌트는 아이히만이 저지른 악행을 악의 평범성으로 개념화한다. 흔히 악의 평범성을 '누구나 악인이 될 수 있다'는 의미로 해석하는데, 아렌트는 이는 '오독'이라고 말한다.

"나는 우리 모두의 내면에 아이히만이 있고, 우리 각자는 아이히만과 같은 측면을 갖고 있다는 말을 하려던 게 절대 아니에요. 내가 하려던 말은 오히려 그 반대예요. 그 사람 행동에 심오한 의미는 하나도 없어요. 악마적인 것은 하나도 없다고요. 남들이 무슨 일을 겪는지 상상하기를 꺼리는 단순한 심리만 있을 뿐이에요."

"다른 사람의 처지에서 생각하지 못하는 이 무능력이에요. 그래요. 그런 무능력."

악은 공감 능력을 상실한 메마른 가슴에 깃든다. 남의 입장에서 생각하지 못하는 무능력이 악의 참모습이다. 폴란드 출신의 사회학자 지그문트 바우만도 "오늘날 악은 누군가의 고통에 제대로 반응하지 못할 때, 타인에 대한 이해를 거부할 때, 말없는 윤리적 시선을 외면하는 눈길과 무감각 속에서 더 자주 모습을 드러낸다. 또한 악은 애국심이나 의무감을 지닌 첩보요원이 어느 평범한 시민의 삶을 단호하게 파괴할 때 존재할 수도 있다"고 일갈했다.

나쁜 권력과 성실한 공무원

아이히만을 통해 우리가 확인할 수 있는 것은 '애국'이니 '충성'이니 하는 맹목적 가치들(특히 독재정권들이 즐겨 사용하는 수사들)이 악의 자양분이라는 사실이다. 많은 반인륜적이고 반문명적인 범죄들이 '애국'의 이름으로 행해졌다.

사실 아이히만은 그저 '성실한 공무원'이었을 뿐이다. 마찬가지로 1970~1980년대 '고문 기술자'로 악명이 높았던 공안경찰 이근안도 성실한 공무원일 뿐이었고, 2012년 대선 당시 '좌익효수'라는 닉네임으로 야당 후보를 비방하는 댓글부대를 이끈 국가정보원(국정원) 직원도 성실한 공무원이었을 뿐이다. 세월호 유족들을 고발하라고 배후 조종한 해양수산부 관리도 자신에게 주어진 임무에 충실할 뿐인 공무원이었고, 반정부적 인사들에 대한 블랙리스트 작성에 가담한 사람들도, 최순실의 명령에 일사불란하게 움직였던 사람들도 모두 성실한 공무원들이었다.

"아이히만을 살펴보면 실제로는 아무 범행 동기가 없었어요. 아이히만은 전형적인 공무원이에요. 그런데 공무원 이상도 이하도 아닌 존재일 때 정말이지 대단히 위험한 신사예요. 여기에 이데올로기는 그다지 큰 역할을 수행하지 않았다고 봐요."

"망설임은 있었죠. 그들은 망설임을 가진 공무원들이었어요. 하지만 그들의 망설임은 인간이라면 그저 한 사람의 공무원으로 존재하기를 멈춰야 하는 한계가 있다는 걸 스스로에게 명확히 보여줄 정도까지 나아가지는 않았어요."

나쁜 권력은 이 한계를 넘는 공무원을 가만두지 않는다. 2013년 말 국정원 여론조작 사건을 맡았다가 윗선의 반대에도 불구하고 국정원에 대한 압수수색과 직원 체포를 강행한 윤석열 특별수사팀장을 좌천시키고, 박근혜 정부 시절 청와대의 뜻에 반하는 감사 보고서를 작성한 노태강 문화체육관광부 체육국 국장을 끝내 사임시킨 사례가 그 전형이다. 박 대통령은 윤 검사와 노 국장을 본보기 삼아 전국의 공무원들에게 '너희들은 그냥 성실한 공무원일 뿐'이라는 메시지를 보낸 것이었다.

아이히만을 비롯해 전범 재판에 넘겨진 누구도 잘못을 뉘우치거나 사과하지 않았다. 실제로 그들은 자신들이 잘못한 것이 없다고 생각했다.

"어떤 사람이 권위 있는 조직의 일부일 때 부당함에 대한 인식은 얼마나 많이 증발할까요? 개인에게 주어진 책임은 그저 부분적인 책임일 뿐이라는 사실은 더 이상의 도덕적 통찰을 얻지 못하게 할까요? 아이히만은 '나는 내 책상에 앉아 나한테 주어진 일을 했습니다'라고 말했습니다."

악인이 되지 않으려면

자신이 저지른 유대인 학살에 대해 어떤 죄책감도 내비치지 않았던 아이히만이 심문 과정에서 괴로워한 적이 딱 한 번 있었다.

"아이히만은 그가 유대인에게 저지른 그 어떤 일에도 괴로워하지 않았어요. 하지만 그런 그도 한 가지 사소한 사건에 괴로워했어요. 빈에서 유대인 공동체 회장을 심문하다가 그 사람 뺨을 때린 일이죠. 사람 얼굴을 때리는 것보다 훨씬 더 심한 일들이 많은 이들에게 일어났다는 걸 세상이 다 아는데요. 하지만 그는 뺨을 때린 자신을 결코 용납하지 않았고 그걸 대단히 그릇된 일이라고 생각했어요."

예루살렘 법정의 판결문은 이랬다.

"실제로 피해자를 살해한 사람과 거리가 얼마나 떨어져 있었는지는 책임 범위에 조금도 영향을 주지 않는다. 오히려 책임의 정도는 자신의 두 손으로 치명적인 살해 도구를 사용한 사람에게서 멀리 떨어져 있을수록 증가한다."

무릇 책임이란 이렇게 물어야 한다. 그 책임은 권한의 크기에 비례해야 한다. 하지만 박근혜 정권에서 법적 책임은 정확하게 반비례했다. 국정원 댓글 사태는 말단 직원의 책임일 뿐이고, 세월호 구조 문제도 배의 선장과 선원, 출동한 해경들의 잘못일 뿐이다. 메르스 같은 전염병이 터져도 가장 큰 책임을 져야 할 복지부 장관은 책임지지 않고 도리어 더 좋은 자리로 영전해갔다. 박 대통령 본인도 '나에게는 책임이 없다'는 식으로 일관했고, 감옥에 가서도 입을 닫았다.

악은 반드시 처벌받아야 한다. 아렌트는 악인과 가해자가 처벌받아야 하는 이유는 피해자가 감내한 고통에 대한 보상이 아니라 피해자의 '명예와 품위'와 관련된 것이라고 말한다.

"17세기 네덜란드 법학자인 휘호 흐로티위스는 가해자가 처벌받아야 하는 이유가 피해를 당하거나 상처를 입은 사람의 명예 및 품위와 관련된다고 말했어요. 이건 피해자가 감내한 고통하고는 아무런 관련이 없어요. 무엇인가 올바로 세우는 것하고도 전혀 관계가 없고요. 이건 정말로 명예와 품위의 문제예요. 독일인들이 그들 가운데 살인자를 두고서도 추호도 동요하지 않으면서 계속 살아갈 수 있다고 생각한다면, 그건 유대인의 명예와 품위에 반하는 생각이에요."

더욱 중요한 것은 앞으로다. 우리 사회가, 우리 기업이, 우리 교육 시스템이 '아이히만 같은 사람이 돼라'고 요구하고 있지 않는가부터 돌아보아야 한다.

"질문 자체를 그만두는 것이 우리 사회의 가장 큰 문제이며, 질문을 그만두면 우리는 참된 민주주의로부터 멀어지게 된다."

지그문트 바우만의 이 말은 사회와 조직뿐 아니라 개인의 삶에도 그대로 적용된다. 또 다른 아이히만이 되지 않기 위해서는 끊임없이 질문하고 사유해야 한다.

"자존심을 유지한다는 것은 물론 자신에게 말을 건다는 뜻이에요. 그리고 자신에게 말을 건다는 건 기본적으로 사유를 하는 거예요. 전문적인 사유가 아니라 누구나 할 수 있는 사유를 말하는 거예요."

아렌트의 말처럼 지금 우리에게 가장 필요한 것은 자유롭고 비판적인 사유와 태도를 잃지 않는 것이다. 지금보다 나와 우리 스스로를 높이려면 말이다.

원하는 곳에서 살아갈 자유가 있는가?

1

입사 1년차인 후배 기자에게 "에너지의 몇 %를 일에 쏟느냐?"고 물은 적이 있다. 하루 종일 취재에만 매달려 있는 후배였다. 후배가 대답했다.

"98%쯤인 것 같아요."

그에게 얘기해줬다.

"에너지의 60%만 일에 써라."

견뎌야 할까, 즐겨야 할까?

에너지나 열정은 우물 같은 것이라고 생각한다. 퍼내면 차오르지만 차오르는 데는 시간이 필요하다.

또 한 바가지의 물까지 모조리 퍼내서 쓰는 것보다는 찰랑찰랑 남겨두는 것이 좋은 물을 오래 이용할 수 있는 방법이다.

거의 모든 에너지를 일에 쓰는 것보다는 놀고 쉬고 읽고 생각하는데 골고루 나누어 쓰는 것이 결국은 일을 더 오래, 더 즐겁게, 더 잘할 수 있는 방법이다.

'디지털 노마드(Digital Nomad)'라는 말이 있다. 프랑스의 경제학자이자 미래학자인 자크 아탈리가 《21세기 사전》에서 처음 소개한 용어다. 노트북이나 스마트폰, 태블릿PC 등을 이용하여 자유롭게 이동하며 일을 보는 현대의 디지털 유목민을 지칭하는 말이다. 그들의 생활에 부러운 것도 있고 그렇지 않은 것도 있고, 동의할 수 있는 것도 있고 할 수 없는 것도 있지만 그들이 삶을 대하는 태도만큼은 100% 공감이 된다. '유예하지 않는 삶'을 살려는 태도.

우리는 그동안 '개미와 베짱이' 우화 등을 통해 '가치 있는 삶의 자세'는 '인내하는 것'이라는 교육을 받아왔다. 미래를 위해 오늘을 견디고, 대학 입학을 위해 모든 것을 미루고, 여름 휴가를 위해 1년을 버티고, 취업을 위해 연애를 미루고…. 그렇게 우리는 끊임없이 견디고 포기하고 미루는 법을 배워왔는데, 이것이 사실은 비인간적 자본주의를 작동시키는 기본 동력이었다.

너무도 잘 알려져 식상함마저 느껴지는 심리학 실험이 있다. '마시멜로 실험'이다. 이 실험의 결과는 '견디고 포기하고 미루는 것'의 가치를 설명할 때 빠짐없이 동원된다.

1966년 미국 심리학자 월터 미셸 스탠퍼드대 교수가 네 살배기 꼬마

653명에게 마시멜로를 하나씩 주면서 15분 동안 먹지 않으면 2개를 주겠다고 제안했다. 참지 못하고 마시멜로를 먹은 아이들도 있었고 끝까지 참은 아이들도 있었다. 15년 뒤 이 아이들을 조사해봤는데 마시멜로를 먹지 않고 오래 참은 아이일수록 학업 성적이 우수했고, 마시멜로의 유혹을 참지 못한 아이들일수록 비만, 약물 중독 등 문제가 많았다는 것이다.

사람들은 이 실험을 예로 들며 현재의 즐거움을 참고 어려움을 견디는 것이 성공으로 가는 길이라고 가르친다.

나는 마시멜로 실험 이야기를 들을 때마나 지나치다는 생각이 든다. 고작 네 살배기 아이들에게 이런 잔인한 실험을 한다는 것 자체가 마음에 들지 않고, 15년 후인 19세 때의 성취로 그 아이를 평가한다는 것 역시 문제라는 생각이다. 무엇보다 어떤 아이가 더 행복하게 사는지 이런 실험으로는 확인할 길이 없다.

마시멜로 실험과 대비되는 것이 멕시코 어부 이야기다. 월스트리트 투자자가 멕시코 해변으로 휴가를 갔다가 다랑어잡이를 하는 어부를 만난다. 투자자는 그 어부에게 고기를 많이 잡고 돈을 많이 버는 방법에 대해 조언한다. 어부가 "부자가 되면 뭐하나요?"라고 반문하자 투자자는 "그 돈을 갖고 은퇴하는 겁니다. 해안가 마을에서 늦잠도 자고, 손주들과 놀아주고, 아내와 낮잠도 자고, 마을로 산책 나가서는 기타도 치고 노래도 하는 겁니다"라고 대답한다. 이에 그 어부는 이렇게 대꾸한다.

"나는 지금 그렇게 살고 있는데요."

2

현재의 즐거움을 미루지 않고도 삶은 가능하다고, 오히려 더 풍족해진다고 주장하는 책이 있다. 《디지털 노마드》라는 책이다. 그런데 문제는 디지털 노마드로 살아갈 수 있는 직업군이 실제로 그렇게 많지 않다는 점이다. 그래서 중요한 것이 디지털 노마드인가 아닌가보다는 노마드적 삶의 태도를 지녔는가 아닌가 하는 점이다.

저자인 도유진 씨는 자칭 타칭 '디지털 노마드'다. 한 달 이상 머무른 도시가 40곳이 넘고, 머무는 곳이 직장이자 사무실이다. 세계 곳곳의 기업에서 마케팅 · 대외협력 등의 업무를 경험했고, 지금은 글을 쓰고 영상을 제작하는 콘텐츠 창작자다. 그는 디지털 노마드로 세계를 떠돌며 만난 디지털 노마드 70여 명의 삶을 책과 〈원 웨이 티켓〉이라는 다큐멘터리 영화에 담았다.

디지털 노마드들이 유목적 삶을 살 수 있는 것은 디지털 기술의 발전 덕분이다. 그런 의미에서 이들은 미래를 위해 가장 준비가 잘된 사람들이기도 하다. 자동화, 로봇과 인공지능(AI), 그리고 소프트웨어의 발달은 앞으로 인간이 일하는 방식을 현저히 바꾸어놓을 것이고, 고정된 일자리도 급격히 줄어들게 만들 것이다. 그에 따라 개개인의 일상은 물론 기업의 채용 전략도 완전히 달라질 것이다.

기업 입장에서는 디지털 노마드들을 활용할 수 있는 플랫폼을 갖추는 것이 미래의 경쟁력을 좌우하게 될 것이다. 전 세계의 디지털 노마드를 만나면서 도유진 씨가 발견한 것 역시 원격근무는 선택적 대안이 아니라 기업의 혁신을 위한 필수 조건이라는 사실이다. 세계적 웹사이트 개발회사인 오토매틱은 직원 400여 명이 전 세계 47개국에 흩어져 원격근무를 하고 있다. 최고경영자인 맷 멀런웨그는 장차 "세계 최고의 인재들이 원하는 일의 방법이며, 그들이 몰려드는 곳이 바로 또 다른 아이폰, 구글을 만들어낼 곳"이라고 말한다.

자유의 원천

디지털 노마드의 삶을 가능하게 해주는 조건 중의 하나는 '낙차(落差)'다. 그들은 환율 등의 차이를 이용하여 삶을 이어간다. 디지털 노마드를 도와주는 낙차에는 몇 가지가 있는데, 가장 대표적인 것이 화폐의 낙차다. 한마디로 연봉으로 지급받는 달러나 유로화의 가치와 여행 또는 일시 거주하는 지역의 화폐 가치의 낙차가 그들에게 자유와 여유를 제공하는 것이다.

역사적으로 유목적 삶은 정주민에 대한 약탈을 전제로 했다. 몽골 초원의 수많은 유목 민족들이 끊임없이 만리장성을 넘으려고 했던 이유 역시 그래야 유목적 삶이 유지되었기 때문이다. 디지털 노마드의 삶 역시 그들을 위해 빵을 굽고 커피를 내리는 정주민이 있어야 가능하다. 차이는 과거의 유목민은 정주민을 직접 약탈했지만 지금은 화폐 가치의 차이가 이를 대신한다는 것이다.

원하는 곳에서 원하는 일을 하며 원하는 만큼 살아갈 수 있는 사람은 행복할 가능성이 높다. 여행에서 행복을 발견하는 사람이 많은 이유도 그래서다. 물론 그에 필요한 대가를 지불해야 한다. 곳곳에서 통할 수 있는 능력이 있어야 하고, 이동에 따른 불편을 감수하고 환경에 대한 적응력을 갖춰야 한다. 무엇보다 정주민으로서 누리게 되는 안정감과 예측 가능성으로부터 멀어져야 한다.

유목민인가, 정주민인가. 어떤 삶을 살지는 선택의 자유다. 시대가 노마드적 인간을 필요로 한다는 이야기가 많지만 반드시 그런 것만도 아니다. 한 가지 분명한 것은 남들과 다른 자유의 삶을 살고 싶다면 지금, 여기에 너무 오래 머물지 말아야 한다는 사실이다. 이동하는 인간이 되어야 한다.

새로운 가치에 눈뜨고 싶은가?

몇 년 전 노르웨이에서 인기를 끈 TV 프로그램이 있었다. 일명 '느린 TV'. 노르웨이의 서남부 해안도시 베르겐에서 수도 오슬로로 가는 기차 맨 앞에 카메라를 설치하고 7시간 동안 이 카메라가 찍은 장면을 〈베르겐 기차 여행〉이란 제목으로 방송한 것이다. 덜컹거리는 바퀴 소리와 함께 끝없이 이어지는 눈 덮인 풍경이 7시간 내내 펼쳐졌다. 금요일 밤 황금시간대에 편성된 이 프로그램은 평소보다 4배나 높은 15%의 시청률을 기록했다. 이뿐 아니다. 크루즈선이 노르웨이 피오르드해안을 항해하는 장면을 134시간 동안 실시간 방송하기도 했다. 이 프로그램은 노르웨이 인구의 절반에 가까운 250만 명이 6일 동안 시청했다. 이런 현상을 노르웨이 사람들은 "긴긴 겨울밤 온 가족이 장작 난로 옆에 모여 뜨개질을 하며 도란도란 이야기를 나누던 오래된 전통 덕분"

이라고 본다.

느린 삶에 대한 갈망은 먹고사는 문제에서 해방된 북유럽 사람들만의 '사치'는 아니다. 우리 사회에서도 그런 갈망이 봄 새싹처럼 움트고 있다. tvN의 '나영석표 예능'의 성공은 우리 속에 숨어 있는 느린 삶에 대한 갈망을 제대로 포착해낸 결과다. 산골이나 어촌 마을에 들어가 세 끼 밥을 해먹는 〈삼시세끼〉 같은 프로그램이 성공할 수 있을 것이라고 예상한 사람은 없었다. 그들의 예상은 보기 좋게 빗나갔다. 나영석 피디는 여기서 한발 더 나아가 피실험자가 숲속에서 아무것도 하지 않고 지내는 '자발적 고립 프로젝트'를 모토로 한 〈숲속의 작은 집〉이라는 프로그램을 선보였다. 전기는 태양열, 난방은 장작을 패서 해결하고, 음식도 최소한으로 해먹는 '친환경 미니멀 라이프'를 보여주는 프로그램이었다. 비교적 높은 시청률로 시작하여 낮은 시청률로 종영하긴 했지만, 변화하는 사람들의 라이프스타일에 맞추어 '진정한 행복이란 무엇인가?'를 생각하게 해주는 의미 있는 시도라는 평가를 받았다.

'장작'에 빠진 사람들

느린 삶에 대한 갈망과 느린 삶을 선택하는 용기는 우리 경제가 직면한 저성장의 문제와 관련이 있다. 경제 기관차의 속도가 느려지니 사람들이 거기에서 뛰어내릴 용기를 내기 시작했다. 또 기관차에 몸을 싣고 있는 것과 거기에서 뛰어내려 다른 차를 타거나 아니면 걷는 것을 비교했을 때 기회비용의 차이가 크지 않다는 점도 뛰어내릴 용기를 내게 했다. 제자리걸음인 경제성장이 삶의 다양성이라는 측면에 기여하는 바가 있는 셈이다.

이런 현상을 보여주는 예들 중 하나가 《노르웨이의 나무》(라르스 뮈팅)다. 원래는 무라카미 하루키의 소설과 똑같은 제목인 '노르웨이의 숲'이었는데, 혼란을 피하기 위해 이름을 바꾸었다고 한다. 한마디로 북유럽 스타일로 장작을 패고 쌓고 말리는 법을 다룬 책이다. 이런 책이 19개 나라에 번역, 소개되어 60만 부나 팔려나갔다. 장작을 패고 쌓고 말리는 법을 넘어선 다른 무엇이 담겨 있다는 얘기다. 그것은 바로 심리적 평안이다.

노르웨이에서 땔나무 사용량이 계속 줄어들다가 최근 들어 폭증해서 1976년의 10배가 넘었다고 한다. 아날로그의 반격이다. 우선 청정 에너지로 환경주의자들의 환영을 받았고, 보일러와 발전 등의 재료로 쓰여 경제적으로도 주요한 에너지원이 되었다. 하지만 환경과 경제적인 이점만이 다가 아니다.

"장작불의 귀환을 돈 문제로만 설명할 수는 없다. 많은 사람들은 장작불을 때면서 풍요로운 경험을 얻을 수 있다고 여긴다. 먼 옛날 불 주위에 모여 앉은 선조들처럼 우리도 불에 끌린다. 라디에이터의 열과 장작 난로의 열이 질적으로 다르다고 생각하는 사람도 많다. 장작불과 잉걸불은 햇빛과 같은 적외선 전자기파 복사열을 내보낸다. 복사열이 도달하면 피부와 몸속이 빠르고 강렬하게 데워져 몸이 편안해지고 안도감이 느껴진다. 여기다 나무 냄새와 소량의 나무 연기, 수시로 달라지는 불꽃의 유희가 어우러지면서 우리는 태곳적 불의 마법과 연결된다."

거세된 육체의 복원

2007년 1월 노르웨이 노를란 스테이겐의 외딴 마을에서 지독하게 춥고 궂은 날씨에 6일간 전력 공급이 중단된 일이 있었다. 그런데 대부분의 마을 사람들이 안전하게 이 위기를 넘겼다. 집에 있던 장작과 난로 덕분이었다. 이런 까닭에 노르웨이에서는 일정 규모 이상의 모든 주택에는 대체 난방 수단을 갖추는 것이 법률적 의무가 되었는데, 장작 난로야말로 여기에 제격인 셈이다.

노르웨이에서는 8시간 동안 화로에서 장작이 타는 모습을 방송한 적도 있다. 장작이 타면서 내는 불꽃과 탁탁 소리가 전부였다. 노르웨이 사람 5명 중 1명이 이 프로그램을 봤다. 무엇에 끌렸던 것일까? 장작이 타면서 내는 불꽃과 소리에 치유의 힘이 있기 때문이다. 이것을 'ASMR(Autonomous Sensory Meridian Response, 자율감각 쾌락반응)'이라고 한다. 시냇물 소리, 대숲을 지나는 바람 소리, 비 떨어지는 소리, 연필로 글씨를 쓰는 소리, 낙엽 밟는 소리 등에 집중하면 마음이 안정된다는 얘기다.

〈리틀 포레스트〉는 이 ASMR를 극대화한 영화다. 시골집에 기거하며 자연에서 얻은 재료로 음식을 해먹는 장면들로 이루어진 이 영화를 보고 있으면 마음이 절로 편안해진다. 그 대부분은 타닥타닥 도마 소리, 처마를 때리는 빗소리, 아삭아삭 씹는 소리 등에서 온다.

ASMR에 치유 효과가 있는 것은 우리가 사는 세계가 복잡한 감각을 요구하기 때문이다. 자동차 경적 소리에 에어컨 돌아가는 소리, 컴퓨터 자판 두드리는 소리 등 온갖 소음이 섞인 환경 속에서 살아가는 우리에게 다른 모든 소리가 제거된 단 하나의 순수한 소리는 정신을 맑게 해준다. 동안거에 든 선승들이 벽에 점 하나 찍어놓고 면벽 수행을 하는 것과 같은 이치다.

도끼로 장작을 패는 것은 현대인에게 남은 가장 원시적 노동의 형태 중 하나다. 작가이자 언론인인 라르스 뮈팅은 "장작 패기처럼 고된 육체노동을 하면 현대의 다른 직업에서는 좀처럼 찾기 힘든 평안을 얻을 수 있다"고 주장한다.

"장작 패기로 스트레스를 해소하면 일상에서 더 사려 깊게 행동하고 아이들과 더 적극적으로 놀아주고 평소에 말하기 꺼려지던 것들에 대해 터놓고 이야기하고 싶어질지도 모른다. 육체노동을 하면 정신적 평안을 얻을 수 있다. 한 번 쪼갠 장작은 영영 쪼개진 채다. 쪼갠 것을 되돌릴 수도, 개선할 수도 없다. 그날의 짜증은 나무속으로 사라지고 다시 나무에서 난로 속으로 사라진다. 땔나무의 가장 매력적인 특징 한 가지는 타서 없어진다는 것이다. 어떤 위원회도 땔나무를 조사하지 않고, 경쟁하는 다른 장작과 비교할 일도 없다. 이윽고 겨울이 찾아오면 엉성하게 자르고 서툴게 쪼갠 장작도 모두 불 속으로 들어간다. 이 장작이 내뿜는 열은 완벽한 장작이 내뿜는 열과 구분되지 않는다. 오히려 고집불통 소나무 뿌리를 태울 때 향기가 나지 않던가?"

사실 인류가 시간을 내서 운동을 따로 하게 된 것이 그리 오래되지 않았다. 육체가 제거된 노동에서 다시 육체를 복원하기 위한 노력이 우리의 운동이다. 육체가 제거된 노동은 인간을 황폐하게 만든다. 그런 면에서 우리의 달리기와, 걷기, 자전거 타기, 등산은 장작 패기의 다른 이름이다. 그것은 몸에 낀 비곗덩어리뿐 아니라 정신의 비곗덩어리도 덜어내는 일이다.

《감옥으로부터의 사색》과 《더불어숲》 등의 책으로 유명한 신영복 선생은 "우리 몸의 중심이 어디냐?"는 질문에 "아프고 불편한 곳"이라고 답했다. 손가락에 티눈 하나 박혀도 우리는 손가락을 중심으로 생각하고 행동하게 된다는 것이다. 선생의 말은 우리 사회가 가장 약하고 아픈 사람을 중심으로 사고해야 한다는 가르침이었지만, 한편으로는 '자발적 불편함'이 세상을 다른 관점에서 보게 해준다는 의미로도 읽힌다. 그것은 내 몸을 움직여 쓰는 것이다.

자전거를 타기 시작하면서 많은 것이 내게 다르게 다가왔다. 평소에 별 관심이 없던 혼잡한 도로, 자동차가 내뿜는 매연도 심각하게 다가왔고, 새로운 가치에도 눈뜨게 되었다. 또 이것이 연쇄적으로 긍정적인 변화를 유발했다.

각자 자발적 불편함을 하나씩 선택했으면 좋겠다. 종이컵 대신 텀블러를 사용하는 불편함 하나만이라도. 분명 새로운 가치에 눈을 뜨는 출발점이 될 것이다.

인생이 꼭
계획적일 필요는 없다

성공을 위해서는 무엇이 필요할까? 수많은 성공학 관련서들에서 다루는 성공 요건은 한둘이 아니지만, 공통적으로 이야기하는 것이 있다. 원대한 포부, 치밀한 계획, 인생을 거는 승부수 등등이다. 그런데 이와 같은 필수 요건들이 없었음에도 큰 성공을 거둔 인물이 있다. 나이키의 창업자 필 나이트다.

필 나이트에게는 애당초 원대한 포부가 없었다. 다만 육상선수 출신으로 러닝화에 관심이 많았고, 경영학을 전공한 대학원생으로 일본의 러닝화가 시장을 장악할 가능성이 높다고 판단했다. 그리고 가능성을 확인하기 위해 직접 뛰어들었다.

그에게는 치밀한 계획도, 이를 위한 준비도 없었다. '나이키'라는 이름과 나이키의 상징이 된 '스우시(Swoosh)' 로고가 만들어진 과정이 이를 단적으로 보여준다. 세계에서 가장 비싼 브랜드 중 하나인 나이키의 스우시 로고는 포틀랜드주립대에서 만난 젊은 화가에게 요청해 35달러에 얻은 것이다. 나이키라는 브랜드 이름도 멕시코에 있는 공장에 샘플을 보내기 직전에야 겨우 결정한 것이다.

그는 인생을 거는 승부수도 던지지 않았다. 필 나이트는 신발회사를 차리고도 5년 이상 회계사로 일했고 대학에서 회계학을 가르쳤다. 한꺼번에 모든 것을 걸지 않고 오랫동안 양다리를 걸친 것이다.

그렇다면 그가 성공한 이유는 도대체 뭘까? 그는 운동을 사랑했고, 신발을 사랑했고, 신발의 가치를 믿었고, 신발을 사랑하는 '슈독(Shoe Dog)'들을 만났다. 슈독들 각자에게 맞는 일을 맡겼고, 그들의 의견을 존중했다. 그들과 일을 해나가면서 그 안에서 해법을 찾았다.

잊어야 이긴다

필 나이트의 자서전 《슈독》을 보면 달리기와 신발에 대한 그의 애정과 믿음이 어느 정도인지를 확인할 수 있다.

"나에게는 달리기에 대한 믿음이 있었다. 나는 사람들이 매일 밖에 나가 몇 마일씩 달리면, 세상은 더 좋은 곳이 될 것이라고 믿었다. 그리고 내가 파는 신발이 달리기에 더 없이 좋은 신발이라고 믿었다."

필 나이트는 삶의 태도도 달리기에서 배웠다.

"나는 나보다 훨씬 더 잘 달리고 신체적으로도 훨씬 더 뛰어난 선수들과 경쟁했다. 그들은 앞으로 올림픽에 출전할 선수들이었다. 그런데도 나는 그런 불행한 현실을 잊어버리려고 노력했다. 사람들은 반사적으로 경쟁은 항상 좋은 것이고, 항상 최선의 결과를 내놓아야 한다고 생각한다. 그러나 이는 경쟁을 잊어버릴 수 있는 사람에게만 가능한 이야기다. 경쟁의 기술은 망각의 기술이다. 나는 이런 사실을 육상경기를 통해 배웠다. 나는 나 자신에게 그때의 교훈을 상기시켰다. 우리는 자신의 한계를 잊어야 한다. 우리는 자신이 품었던 의혹을 떨쳐버려야 한다. 우리는 자신의 고통과 과거를 잊어버려야 한다. 우리는 '이제 그만하자!'는 내면의 외침, 애원을 무시해야 한다. 이런 것들을 잊어버리거나 떨쳐버리거나 무시하지 못하면, 우리는 세상과 타협해야 한다."

그는 또한 자신이 하는 일에서 깊은 의미를 찾았다.

"사람은 평균적으로 하루에 7,500보, 평생 동안 2억 7,400만 보를 걷는다. 평생 동안 지구 여섯 바퀴를 도는 셈이다. 슈독은 이런 여행에서 한 부분이 되기를 바랄 뿐이다. 슈독은 인류의 발이 지구 표면과 접촉하는 경첩을 다듬는 사람들이 아니라 인류를 이어주기 위한 더 나은 방식이 무엇인지 고민하는 사람들이다."

그는 자신의 슈독들과 '뜨겁게' 소통했다. 이는 '버트페이스(Buttface)'라는 나이키의 독특한 회의문화에서 그대로 드러난다.

"정말이지 학대 그 자체였다. 우리는 서로에게 끔찍한 별명을 지어주었다. 그리고 말로 아주 작살을 냈다. 사업 아이디어 혹은 회사가 직면한 위협에 관해 토론할 때 우리는 상대방의 감정 따위는 전혀 생각하지 않았다. 특히 나한테는 더욱 그랬다. 그들은 나를 '버키 더 북키퍼

(Bucky the Bookkeeper, 인색한 친구)'라고 불렀다. 나는 그들에게 그만두라는 말을 한 적이 없다. 그렇게 하면 안 된다는 것 정도는 알고 있었다. 약한 모습을 보이거나 감정적으로 나오면 완전히 지는 것이다."

해결해야 할 일과 맞닥뜨리면 일단 해치우고 본다. 두려움 따위는 잊어야 한다.

"실패에 대한 두려움 때문에 무너져서는 안 된다. 우리가 실패하지 않을 것이라고 생각해서 하는 말이 아니다. 누구나 실패할 수 있다. 실패했을 때 이를 빨리 털고 일어나 실패를 통해 배우면서 발전하는 것이 중요하다."

필 나이트는 상식을 거부하는 사람이다. 아니 상식에 도전하는 사람이다. 그의 조언이다.

"인습을 타파하려는 사람, 혁신을 추구하는 사람, 반란을 꾀하는 사람에게 충고하고 싶은 말이 있다. 이런 이들은 항상 자기 등에 과녁을 달고 다닌다. 승리할수록 이 과녁은 점점 더 커진다. 이는 나 한 사람만의 의견이 아니라 자연의 법칙이다."

다른 사람의 평가나 비판, 이런 것에 크게 신경 쓰거나 개의치 말라는 얘기다.

포기에 대한 생각도 여느 기업가와는 다르다.

"기업가는 결코 포기해서는 안 된다고 말하는 사람들이 있다. 그들은 한마디로 사기꾼이다. 기업가는 때로 포기할 줄도 알아야 한다. 때로는 포기해야 할 때를 알고 다른 것을 추구해야 할 때를 아는 지혜가 필요하다. 포기는 중단을 의미하지 않는다. 기업가는 결코 중단해서는 안 된다."

그가 무엇보다 중시하는 것은 자신에 대한 믿음이다.

"당신 자신에게 믿음을 가져라. 이런 믿음에 대해서도 믿음을 가져라. 믿음은 다른 사람이 아닌 당신이 정의하는 믿음이어야 한다. 믿음 그 자체는 당신의 마음속에서 정의된다."

There is no finish line(결승선은 없다).

Just do it(그냥 하라).

그러니까 이 말은 단순히 나이키의 광고 문구가 아니라 필 나이트가 살아온 방식이고, 나이키가 성공한 비결이다.

나이키를 탄생시킨 3가지

스우시

1971년 필 나이트는 당시 포틀랜드주립대 디자인과 학생이었던 캐럴린 데이비드슨에게 로고 디자인을 부탁했다. 캐럴린 데이비드슨은 며칠 후 몇 가지 시안을 가져왔다. 하지만 필 나이트의 눈길을 사로잡지 못했다. 뚱뚱하게 생긴 번개라고 할까? 두툼한 체크 부호라고 할까? 휘갈겨 쓴 자국이라고 할까? 필 나이트는 다시 그려오라며 돌려보냈다.

몇 주 뒤 캐럴린은 두 번째 작품들을 가지고 왔다. 첫 번째 작품에서 출발해 좀 더 자유롭게 다양한 형태로 변화를 주었다. 작품들을 벽에 걸어놓고 몇몇 직원들이 토론을 했다. 누군가 "이게 다른 것들보다 좀 낫지 않을까요?"라고 했다. 이야기가 이어졌다. "날개처럼 보여요", "바람이 휙 소리를 내며 지나가는 것 같아요", "육상선수가 지나간 자국 같기도 해요".

세상에서 가장 유명해진 로고는 그렇게 선택되었다. 필 나이트는 캐럴린 데이비드슨에게 35달러짜리 수표를 주고 돌려보냈다.

Nike

공장에서 첫 생산에 들어가기로 한 날까지도 그들은 이름을 짓지 못했다. 마지막 날 밥 우델이 필 나이트에게 말했다.

"제프 존슨에게서 제안이 하나 들어왔어. 어젯밤 꿈속에 새로운 이름이 나타났대."

"그게 뭔데?"

"나이키."

그 순간 필 나이트의 머릿속에 2가지 생각이 떠올랐다. 그리스신화에 나오는 승리의 여신 이름과 2차 세계대전 참전 용사들에게 승리의 메달을 수여할 때 처칠이 했던 말.

"여러분은 이런 질문을 할 겁니다. 우리의 목표가 무엇인가? 나는 한마디로 대답할 수 있습니다. 그것은 승리입니다."

그렇게 승리의 여신 니케(Nike)는 오늘의 나이키가 되었다.

와플형 밑창

1972년 뮌헨올림픽을 앞두고 미국 육상팀 코치이자 나이키 공동 창업자인 빌 바우어만 코치는 고민에 빠졌다. 새롭게 육상트랙에 깔리는 폴리우레탄 표면에서 미끄러지지 않는 운동화 밑창을 생각하고 있었던 것이다. 바우어만 코치는 부인과 아침 식사를 하다가 옆에 있던 와플 틀을 유심히 바라보았다. 와플 틀의 격자무늬 패턴이 눈에 들어왔다.

바우어만은 와플 틀을 차고로 가져가서 거기에다 우레탄을 채워넣고는 가열했다. 그리고 들뜬 목소리로 필 나이트에게 전화했다.

"새로운 밑창 샘플을 공장에 보낼게."

이루고 싶은 무언가가 있는가? 그렇다면 당장 시도해볼 일이다. 완벽한 계획이 없더라도 말이다. .

쓸모없는 것은 결코 쓸모없지 않다

얀 마텔의 편지는 너무 늦게 도착했다. 아니 일찍 도착했다고 해도 수신인이 그의 편지를 읽었을 리 없다. 우리의 비극은 공감하는 능력을 1g도 지니고 있지 못한 자를 대통령으로 뽑는 순간부터 시작되었다.

캐나다 작가 얀 마텔은《각하, 문학을 읽으십시오》한국어판 서문에 박근혜 대통령에게 보내는 편지를 동봉했다. 마텔은 이미 박근혜 대통령이 책을 읽지 않는 사람이라는 것을, 특히 문학을 읽지 않는 사람이라는 것을 알고 있었고, 그런 사람이 최고지도자인 것 자체가 비극임을 예감하고 있었는지도 모른다.

마텔은 박근혜 대통령에게 당부한다.

"픽션을 읽으십시오. 그것이 새로운 세계를 꿈꾸는 하나의 방법입니다. 모든 정치인이 원하는 것이 새로운 세계, 더 나은 세계를 이룩하는 것이 아니었습니까."

문학의 존재 이유

《각하, 문학을 읽으십시오》 한국어판이 나온 것이 2013년 5월 1일이다. 이미 비극이 현실화된 후였고 그 비극은 지금까지 연장 상영되고 있다.

얀 마텔은 스티븐 하퍼 총리가 가장 좋아하는 책이 《기네스북》이라는 얘기를 듣고, 캐나다 예술위원회 50돌 기념행사에서 딴짓에 몰두하는 걸 보고 그에게 편지를 쓰기로 결심한다. 그는 2007년 4월부터 2011년 2월까지 47개월 동안 하퍼 총리에게 101권의 책과 함께 책을 읽으라고, 특히 문학을 읽으라고 권하는 편지를 보낸다.

사실 얀 마텔이 보낸 편지와 책의 수신인은 스티븐 하퍼 총리였지만, 그 편지와 책은 모든 정치인들에게 문학작품을 읽어야 한다는 이야기를 전하고 있다.

"정치인이라면 우리에게 자신의 이익만을 위해 행동하지 않을 거라는 믿음을 주기 위해서 재산 상황을 밝히는 것이 원칙이다. 정치인이 가진 상상력이라는 자산의 경우도 마찬가지다. 나 자신을 위해서라도 스티븐 하퍼 총리처럼 나를 지배하는 사람이 어떤 방향으로 무엇을 상상하는지 알아야 한다. 그의 꿈이 자칫하면 나에게 악몽이 될 수 있기 때문이다. 소설과 희곡과 시는 인간과 세계와 삶을 탐구하는 가공할 만한 도구다. 지도자라면 인간과 세계와 삶에 대해 당연히 알아야 한다. 따라서 나는 열렬하게 성공을 바라는 지도자에게 '국민을 효과적으로 이끌고 싶다면 책을 광범위하게 읽으십시오!'라고 말해주고 싶다."

얀 마텔은 톨스토이의 《이반 일리치의 죽음》부터 프루스트의 《잃어버린 시간을 찾아서》까지 추천 도서들을 소개하며 책을, 문학작품을 읽어야 하는 이유를 설명한다.

꿈을 꾸기 위해서는 문학을 읽어야 한다. 문학은 새로운 세계를 꿈꾸는 하나의 방법이기 때문이다. 정치인이 원하는 것이 새롭고 더 나은 세계를 이룩하는 것이라면 문학을 통해 그 꿈의 지도를 그려야 한다. 얀 마텔은 하퍼 총리에게 묻는다.

"소설이나 시나 희곡을 읽지 않았다면 지금 총리님의 정신은 무엇으로 이루어졌겠습니까? 총리님이 우리나라를 위해 품은 꿈들을 무엇이 만들어냈겠습니까? 총리님의 상상력은 무슨 색깔이고 어떤 모양을 띠며, 어떤 이유와 까닭이 있겠습니까? 아무에게나 감히 물을 수 없는 질문이지만, 저의 지도자가 되겠다는 사람에게는 어떤 상상력을 지녔는지 캐물을 권리가 있다고 생각합니다."

인간의 삶, 삶의 다양성을 이해하기 위해서는 문학을 가까이해야 한다. 인간이 경험할 수 있는 세계는 제한될 수밖에 없다. 문학은 경험의 한계를 뛰어넘게 도와준다. 공산사회의 처참함을 역사책을 통해서 배울 수도 있지만 솔제니친의 《이반 데니소비치, 수용소의 하루》를 통해 더 풍부하게 이해할 수 있다.

문학은 삶을 비추는 현미경이자 망원경이다. 우리가 살아보지 못한 세계, 우리가 해보지 못한 선택을 보여주며, 삶 전체를 조망하고 구체적 사건을 분석할 수 있는 눈을 동시에 갖게 해준다.

"픽션, 더 나아가 예술은 모든 가능성이 춤추는 광장이며, 온갖 유형의 생각이 모이는 집회장입니다. 예술에서는 삶의 가장 진부한 형태부터 지독히 가증스러운 형태와 이상적인 형태까지 온갖 삶이 논의되고 펼쳐지니까요. 삶이 당위적으로 어때야 하고, 현재의 삶이 어떠한지를 다양하게 보여주는 예술과 함께하는 삶은 지혜의 씨앗을 뿌리는 것과 같습니다. 따라서 예술을 멀리하는 것은 자기만의 경험이라는 편협한 틀 안에서 사는 것과 다를 바 없습니다. 예술은 현실이 잉태되는 풍요로운 꿈입니다."

자신만의 언어를 갖기 위해, 그러면서도 독선과 독단에 빠지지 않기 위해서는 좋은 작품을 품어야 한다. 진부한 언어, 상투적인 말만 쓰게 되면 생각과 감정까지 박동을 잃어버려 독단과 독선에 빠지게 된다. 정말 심각한 경우에는 세상을 자기 눈으로 보지도 느끼지도 못하게 된다. 누구처럼 말이다.

"진부한 표현은 독단주의라는 정치적 색채까지 띱니다. 독단주의가 정치에 미치는 영향은 진부한 표현이 글쓰기에 미치는 영향과 조금도 다르지 않습니다. 진부한 표현은 열린 마음으로 진솔하게 세상과 교감하려는, 삶 속에서 뒤범벅된 모든 아름답고 다양한 것들에 새로운 기운을 불어넣으려는 우리 영혼을 가로막습니다. 진부한 표현과 독단주의, 이 둘은 작가와 정치인 모두가 독자와 유권자에게 제대로 봉사하려면 반드시 피해야 할 골칫거리입니다."

좋은 정치인들이 좋아했던 것

얀 마텔은 미국의 버락 오바마 대통령의 연설이 사람들을 사로잡는 이유도 문학에서 찾았다.

“버락 오바마는 독서가, 대단히 열렬한 독서광입니다. 오바마는 시와 픽션, 철학서도 좋아합니다. 성경, 셰익스피어의 비극들, 허먼 멜빌, 토니 모리슨, 도리스 레싱, 시인으로는 엘리자베스 알렉산더와 데릭 월컷, 철학자로는 라인홀트 니부어와 아우구스티누스 성자 등을 좋아합니다. 그들이 오바마의 웅변과 생각, 즉 지금의 오바마를 만들어 냈습니다.”

‘작은 목소리’에 귀 기울일 수 있는 사람이 되기 위해 문학을 읽어야 한다. 작가들은 민감한 촉수로 보통 사람들에게는 들리지 않는 낮은 목소리들을 채집해 기록한다. 시를 읽는 것은, 소설을 읽는 것은 그 낮은 목소리를 듣는 훈련을 하는 것이다. 좋은 정치인은 광장의 구호뿐 아니라 낮은 목소리에도 귀를 기울여야 한다.

“잘 들리지 않는 목소리들이 있습니다. 그 목소리들은 자기들끼리만 이야기를 나눕니다. 세계 속의 세계인 셈입니다. 시간이 지나면 누군가 그들에게 귀를 기울이고, 그들의 목소리를 예술로 표현합니다. 그때서야 상실감이 조금은 줄어듭니다. 그들의 목소리가 영생을 얻었기 때문입니다.”

무엇보다 타인의 아픔에 공감할 수 있는 사람다운 사람이 되기 위해서 문학의 숲을 거닐어야 한다. 얀 마텔이 하퍼 총리에게 보낸 첫 책으로 톨스토이의 《이반 일리치의 죽음》을 택한 것도 이런 이유 때문일 것이다.

치안 판사로 안정적인 삶을 살던 이반 일리치는 어느 날 사다리에서 떨어지는 사고로 극도의 고통과 죽음의 공포를 느낀다. 하지만 이반 일리치에게 가장 큰 고통은 육체적 고통도, 죽음의 그림자도 아니었다. 자신의 아픔에 공감하지 않고 위안이 되지 못하는 이웃과 가족의 무관심과 냉담이었다.

이 책에서 톨스토이는 말한다.

"오랫동안 계속되는 통증을 겪고 난 후에 그가 가장 원했던 건 사람들이 아픈 아이에게 그러듯이 공감해주는 것이었다. 누군가 다독거리면서 안심시켜주기를 갈망했다. 그는 자신이 원하는 방식대로 위안을 얻기란 불가능하다는 사실을 알고 있었다. 그럼에도 여전히 그것을 열망하고 있었다."

문학은 인간의 문제를 직접 해결해주지는 못한다. 하지만 문제를 돌아보게 하고, 깊이 이해하게 만들어준다. 문학의 힘이다.

"여기에 문학의 위대함이 있습니다. 그리고 모순되게 들리겠지만, 소설 속 등장인물들에 대해 읽어나갈 때 우리는 결국 우리 자신에 대해 읽는 것입니다. 이런 부지불식간의 자기 점검에서 때때로 우리는 어쩔 수 없이 미소를 지으며 인정하게 됩니다. 이 소설의 경우에서 그렇듯이, 때로는 불안감에 싸여 부인하고 싶은 마음에 몸서리를 치기도 합니다. 어느 쪽이든 우리는 더 현명해지고 존재론적으로 더 단단해집니다."

얀 마텔은 박근혜 대통령에게 쓰는 편지에서 침대 옆 작은 탁자에 소설이나 시집을 두고 시간 날 때마다 읽으라고 조언했다. 독서하는 시간을 통해 조금은 뒤로 물러나서 객관적으로 판단할 수 있게 될 것이라고 충고했다. 하지만 박근혜 대통령은 책을 읽는 대신 드라마를 보고 피부 관리에 집중했다. 그 결과가 대한민국을 아수라장으로 만들었다.

좋은 정치인이 되려면 책을, 문학을 읽어야 한다. 그리고 우리는 책을, 문학을 사랑하는 정치인을 선택해야 한다.

2

나는 지금 무엇을 위해 살고 있는가

핀치의 물음,
당신은 어떤 부리를 가졌는가?

찰스 다윈은 "자연선택은 종의 탄생과 분열을 이끌어내는 현행범"이라고 말했다. 하지만 그는 그 현행범을 '체포'하지 못했다. 《종의 기원》을 통해 '자연선택의 과정'을 설명해주긴 했지만 그것을 직접 목격하지는 못했던 것이다.

자연선택은 매 순간 일어나지만 변화를 감지할 수 없을 정도로 천천히 일어나기 때문에 다윈은 자신과 마찬가지로 누구도 자연선택이 일어나는 과정을 목격할 수 없을 것이라고 생각했다. 《종의 기원》에서 다윈은 "자연선택은 언제 어디서나 기회가 생길 때마다 조용히 눈에 띄지 않게 움직인다. 그러나 시간의 손이 연대의 경과를 표시할 때까지 우리는 서서히 일어나는 변화를 전혀 감지하지 못한다. 아득히 먼 지질 시대를 바라보는 우리의 시각은 너무나 불완전해서 기껏해야 '오늘날의 생물 형태가 종전과 다르다'는 정도만 알 뿐"이라고 주장했다. 고고학적 방식을 통해 진화론을 입증한 다윈은 먼 지질 시대부터 동식물의 변화 과정을 추적해서 이를 자연선택으로 설명했다.

영국의 진화학자인 가이 롭슨과 오와인 리처즈는 《자연에서 일어난 동물의 변이》라는 책에서 다윈의 한계를 이렇게 지적했다.

"다윈은 선택이라는 주제를 다루면서 '선택 과정을 자연계에서 탐지한 적이 있다'는 증거를 단 한 번도 제시한 적이 없다."

"요컨대 다윈의 증명은 직접적인 증거보다는 정황 증거에 기반을 두고 있다."

이런 한계성은 창조론자들이 진화론을 공격할 수 있는 틈을 허용했다. 진화론을 비판하기 위해 함께 집필한 소책자인 《유용하고 멋진 진화론 비판서》에서 창조론자들은 "진화론과 창조론은 검증될 수 있는 과학 이론이 아니므로 진화나 창조의 신봉자들은 믿음에 따라 둘 중 하나를 받아들여야 한다"고 주장하기도 했다.

그런데 누구도 잡을 수 없을 것이라고 생각했던 '자연선택'이라는 '현행범'이 체포되었다. 다윈이 '내 세계관의 근원'이라고 했던 갈라파고스제도 바로 그곳에서 말이다.

영원히 풀 수 없는 미제(謎題)로 남아 있을 것 같았던 자연선택이라는 현행범을 체포한 유능한 수사관은 영국의 생물학자인 피터 그랜트와 로즈메리 그랜트 부부다. 그랜트 부부는 1973년부터 약 20년간 갈라파고스제도의 대프니메이저에서 핀치 1만 8,000여 마리의 탄생과 죽음을 끈기 있게 관찰하고 기록했는데, 이 기록은 진화의 과정을 보여주는 생생한 증거였다. 생물학자인 최재천 이화여대 석좌교수는 "그랜트 교수 부부는 아예 그걸(진화를) 동영상으로 찍어 보여준 것"이라고 평가했다. 다윈이 자연선택을 고고학적으로 증명했다면, 그랜트 부부는 이를 다큐멘터리로 제작하여 증거물로 제시한 것이다.

그랜트 부부가 체포한 현행범을 넘겨받아 면밀한 조사에 들어간 이는 조너선 와이너였다. 미국의 과학 저술가인 그는 그랜트 부부의 관찰과 기록을 살피는 데 그치지 않고 다윈의 《종의 기원》에서부터 시작되는 진화론에 관한 2,000여 권의 서적과 논문들로 그랜트 부부의 연구 성과를 설명해낸다. 《핀치의 부리》는 그 결과물이다. 다시 말해서 그랜트 부부가 '적자생존'이라는 현행범을 체포한 근성 있는 수사관이라면 조너선 와이너는 이 현행범의 범죄 동기 등을 분석한 유능한 프로파일러인 셈이다.

그랜트 부부가 20년간 연구를 진행했던 대프니메이저에는 모두 13종의 핀치가 살았다. 13종의 핀치는 부리의 모양과 크기가 서로 달랐는데, 부리에 따라 핀치의 서식지와 먹이가 구별되었고, 그렇게 오랫동안 나뉘어 진화하면서 종 자체도 분화되었다.

삶과 죽음을 가른 0.5mm

1976년 대프니메이저에 혹독한 가뭄이 찾아온다. 3월에 시작된 가뭄은 1977년 12월까지 약 1년 10개월 동안 이어지고 이 기간에 대프니메이저의 핀치 85%가 굶어죽었다.

가뭄을 견디고 살아남은 핀치들은 주로 덩치가 크고 두꺼운 부리를 가지고 있었다. 지속된 가뭄으로 찾아낼 수 있는 먹이라고는 크고 단단한 씨앗밖에 없었기 때문에 몸집이 크고 부리가 큰 중간땅핀치만 먹잇감을 찾아낼 수 있었던 것이다.

가뭄이 오기 전 대프니메이저에 살던 중간땅핀치의 부리는 길이가 평균 10.68mm였고, 두께는 9.42mm였다. 가뭄이 끝난 후 살아남은 중간땅핀치를 조사해보니 부리의 길이는 11.07mm, 두께는 9.96mm였다. 길이 0.39mm, 두께 0.54mm가 삶과 죽음을 가른 셈이다.

이처럼 자연선택으로 커진 핀치의 부리는 성 선택을 통해 DNA에 저장된다. 그 이유는 가뭄으로 달라진 성비에서 찾을 수 있다. 가뭄이 시작되기 전 중간땅핀치는 암컷과 수컷이 각각 600마리씩 성비의 균형을 이루고 있었는데, 가뭄이라는 위기로 그 균형이 무너진다. 수컷은 150마리 정도 살아남았는데 암컷은 극소수만 살아남은 것이다.

무너진 성비 균형은 짝짓기 경쟁률을 높였다. 암컷 핀치들이 보다 더 까다롭게 수컷 핀치를 고르게 되었다는 얘기다. 조너선 와이어는 이렇게 설명한다.

"암컷에게 선택받은 수컷들은 '몸짱 중에서도 최고의 몸짱'이었다. 선택받은 수컷들은 가장 까맣고 가장 성숙한 깃털과 가장 두꺼운 부리를 가진 수컷이었다."

"'몸과 부리의 변이가 한 세대에서 다음 세대로 충실하게 전달된다'는 것은 매우 중요했다. 결과적으로 수컷들의 불평등한 사랑 기회는 가뭄의 효과를 영속화하는 데 도움이 되었다. 1978년에 살아남은 수컷과 암컷 중간땅핀치는 가뭄 전의 평균적인 중간땅핀치보다 덩치가 상당히 컸다. 그런데 그중에서 아버지가 된 수컷들은 다른 수컷들보다 더 컸다. 그리고 그해 부화되어 성장한 새끼들도 역시 컸고, 부리는 두꺼웠다. 신세대 중간땅핀치의 부리는 가뭄 전 조상들의 부리보다 평균 4~5퍼센트 정도 두꺼웠다."

"'남가새 열매를 깨뜨릴 수 있는 부리'와 '그럴 수 없는 부리'의 차이는 겨우 0.5mm이다."

전에 다윈은 이렇게 말했다.

"저울이 삶과 죽음 중 어느 쪽으로 기울지를 결정하는 것은 가장 작은 낱알 하나다."

새들이 미쳤나 봐요

1983년 1월 갈라파고스에 엘니뇨가 찾아왔다. 해수면의 온도가 상승하면서 오랫동안 우기가 지속된 것이다. 보통 파두 씨앗은 12월에 땅에 떨어지는데 6월이 되자 풍부한 비와 높은 온도로 파두 씨앗의 양이 다른 해의 12배가 되었다. 핀치의 먹잇감이 늘어난 것이다. 핀치들이 모두 벼락부자가 된 셈이다. 그러자 핀치들이 방탕해졌다. 그랜트 부부의 연구 조교 H. L. 깁스는 이렇게 말했다.

"새들이 미쳤나 봐요. 그전 해에는 전혀 짝짓기를 하지 않더니 그해에는 죽기 살기로 짝짓기를 했어요."

핀치는 보통 일부일처제를 유지하는데, 고온다습의 기후가 지속되자 중혼으로 바뀌었다. 어떤 암컷 핀치는 수컷 4마리와 연거푸 짝짓기를 하기도 했다. 그러면서 이 기간에 선인장핀치와 중간땅핀치의 개체수가 400% 증가했다.

그런데 그다음에 갑자기 건기가 찾아왔다. 이미 핀치의 개체 수는 섬의 수용 능력을 초과했는데 파두 씨앗의 크기와 양이 뚝 감소한 것이다. 이제 섬은 작은 씨앗들만 보이고, 큰 씨앗들은 작은 씨앗들에 묻히는 상황이 되었다. 달라진 환경은 결국 경쟁우위도 바꾸어버렸다.

"작은 씨앗들이 열 배나 많이 널려 있는 상황에서 큰 핀치들은 큰 씨앗들을 찾는 데 어려움을 겪었다. 물론 큰 핀치들도 작은 씨앗을 먹을 수 있지만 큰 핀치들은 커다란 도구를 장착하고 평생 동안 큰 씨앗을 찾아 깨뜨리는 일만 해왔다. (중략) 그들은 큰 몸집 때문에 비싼 대가를 치러야 했다. 큰 몸집은 더욱 큰 식욕을 낳았고, 큰 부리로는 그것을 감당할 수 없었기 때문이다."

이번에는 작은 몸집과 작은 부리를 가진 핀치들이 더 많이 살아남게 되었다. 조너선 와이너는 "진화는 종을 한쪽 방향으로만 계속 빠르게 밀어붙이는 게 아니라, 방향을 바꿔 빠르게 되밀 수도 있음을 명심해야 한다"고 적었다.

비슷한 종들의 별거

갈라파고스에는 모두 13종의 핀치가 살지만 부리가 비슷한 핀치 종들은 같은 섬에 살지 않는다. 예를 들어 보통 선인장핀치와 큰선인장핀치는 같은 섬에 사는 경우가 없다. 부리 크기가 거의 같기 때문이다. 부리 크기가 비슷하다는 것은 같은 크기의 씨앗을 먹는다는 얘기다.

그랜트 부부에 앞서 1930년대에 갈라파고스에서 핀치를 관찰했던 영국의 조류학자 데이비드 랙은 실험을 통해 "동일한 먹이를 동일한 방식으로 섭취하는 종들은 하나의 시험관, 바위, 섬에서 평화롭게 공존할 수 없으며 반드시 한 종이 다른 종을 멸종시킨다"는 사실을 입증했다. 비슷한 부리를 가진 핀치들이 경쟁의 강도를 약화시키기 위해 부분적 차이를 진화시켜 생존 가능성을 높이는 경우도 있다.

"유별난 개체들은 다른 씨앗, 다른 피난처, 다른 틈새를 발견할 수 있고, 그렇게 되면 경쟁에서 벗어날 수 있다. 아무리 부분적이라고 해도 숨 막히는 경쟁에서 벗어나면 마치 새로운 섬을 발견한 것처럼 엄청난 해방감을 만끽할 수 있다. 광란의 군중에서 벗어난 개체들은 번성하고, 나머지는 추락할 것이다."

종의 분화는 바로 이런 '다름'을 추구하는 결과로 나타나는 것이다. 역설적으로, 함께 잘살기 위해 서로 달라지는 셈이다.

"매번 비가 그칠 때마다 다윈핀치들은 각각의 틈새를 찾아 분화한다. 큰땅핀치는 이쪽으로, 중간땅핀치는 저쪽으로, 보통선인장핀치와 작은땅핀치도 각각 자신의 부리에 따라 제 갈 길을 가는 것이다."

불러라, 너만의 노래를

수컷 핀치들은 노래로 암컷 핀치들을 유혹한다. 13종의 핀치들은 모두 다른 장르의 노래를 부르며, 같은 종의 핀치들 중에서도 개체마다 창법이 다르다. 발라드를 좋아하는 암컷 선인장핀치에게 트로트를 백날 불러준들 그 마음을 얻을 수 없다. 무엇보다 상대에게 맞는 올바른 노래를 부르는 것이 중요하다.

그랜트 부부는 매년 가장 높이 자란 선인장 꼭대기에서 혈기왕성하게 노래 부르는 선인장핀치 한 마리를 주목했다. 그런데 그 새는 엉뚱하게도 해마다 중간땅핀치의 노래를 불렀다. 암컷 선인장핀치가 이 노래에 반응할 리 없다. 다 자란 땅핀치 중에서 엉뚱하게 다른 종의 노래를 부르는 핀치를 발견하기도 했다. 이에 대해 피터 그랜트는 이렇게 설명했다.

"새끼 시절에 아버지와 연락이 끊기고 다른 종의 수컷에게 양육되는 바람에 그 수컷의 노래가 잘못 각인된 것 같아요."

같은 종의 핀치 중에서는 자기만의 독특한 창법을 갖고 있는 핀치의 짝짓기 경쟁력이 높다. 다른 핀치의 노래를 따라만 불러서는 선택을 받을 수 없다. 그런 면에서는 새나 사람이나 다를 게 없다. 독특함이 경쟁력이다.

"짝짓기에 성공한 수컷 중에서 '같은 노래를 부르는 수컷을 이웃으로 둔 수컷'이 한 마리도 없었다. 반면에 짝을 짓지 못한 홀아비 수컷들의 경우 A가수 옆집에 A가수가 살거나 B가수 옆집에 B가수가 사는 경우가 많았다. 이는 암컷들이 '이웃 남자와 다른 노래를 부르는 남자'를 선택했음을 의미한다."

진화의 비밀

《핀치의 부리》는 진화의 비밀 2가지를 알려준다. 자연선택의 과정을 통해 생명체가 어떻게 진화했는지를 보여주고, 인간이 왜 진화 사다리의 정점에 있는지를 설명해준다. 오직 인간만이 생존과 관계없는 호기심을 위해 온 삶을 바치는 존재라는 것이다. 인간이 이룩한 문명은 이처럼 생존과 직결되지 않는 문제에도 시간과 노력을 투자하는 지적 호기심의 산물이다.

조너선 와이너는 "그랜트 부부는 주머니 속에 섬들을 통째로 넣고 다녔다"고 표현했다. 20년이 넘는 관찰과 기록을 통해 섬의 모든 것을 꿰뚫고 있었다는 것이다. 실제로 그랬다. 로즈메리 그랜트의 말이다.

"어떤 새든 마찬가지예요. '부리의 치수가 어떻게 되는지', '부모가 누구인지', '언제, 어디서 태어났는지', '둥지에서 함께 살았던 형제가 누구인지'를 알고 싶다면 우리는 이 자리에서 지금 당장 4~5대까지 거슬러 올라갈 수 있어요."

조너선 와이너는 대프니메이저에 대해서도 이렇게 묘사한다.

"대프니메이저는 '삶의 불가능성'과 '연구의 불가능성'을 의미한다. 그러나 생물과 인간은 대프니메이저에서 모두 승리했다."

대프니메이저의 핀치와 그랜트 부부는 우리에게 묻는 듯하다.

"당신은 어떤 부리를 가지고 있는가?"

이 질문에 생존과 진화의 비밀이 담겨 있다.

억압의 언어, 자유의 언어

두 아이가 말을 배워가는 과정은 경이로웠다. 뜻도 없는 소리로 끊임없이 옹알옹알대더니 어느 순간 '엄마'를 말하고 '맘마'를 말하고, 그렇게 주변에 있는 사람과 사물들을 하나씩 불러냈다. 또 어느 날부터인가는 '엄마, 맘마', '아빠, 빠빠'라는 낱말들을 연달아 뱉어내더니 어느 순간 문장을 말하기 시작했다.

우리 역시 이런 경이로운 순간을 거쳐 말을 배웠을 터인데 안타깝게도 우리는 그때의 모습을 기억하지 못한다. 아이를 키우면서 '나도 저랬을 텐데' 짐작할 뿐이다.

새로운 언어 새로운 인생

미국 작가 줌파 라히리는 그의 산문집 《이 작은 책은 언제나 나보다 크다》를 통해 우리 스스로 그런 경이를 체험할 수 있다는 사실을 깨우쳐준다. 바로 외국어 공부를 통해서다. 퓰리처상까지 수상한 작가는 이탈리아어와 사랑에 빠지고, 이탈리아어를 배우고, 결국은 이탈리아어로 글을 쓰게 되었다.

하나의 언어로 이미 궁전을 지은 줌파 라히리는 왜 이탈리아어를 배우고 이탈리아어로 글을 쓰고 싶었을까?

이미 하나의 언어로 명성을 얻은 작가는 사무엘 베케트, 밀란 쿤데라와 로맹 가리 정도밖에 떠오르지 않는다. 아일랜드 출신 사무엘 베케트는 식민지 조국 대신 프랑스로 귀화했고, 밀란 쿤데라는 '프라하의 봄' 이후 체코에서 프랑스로 망명했다. 프랑스 외교관이기도 했던 로맹 가리는 영어로 쓴 단편 《마지막 숨결》이 그의 사후 발견되었다. 이들과 달리 라히리는 하나의 언어 영토에서 다른 언어의 영토로 자발적 망명을 감행했다. 그 이유를 그는 "창작이라는 관점에서 봤을 때 안정감만큼 위험한 것은 없기 때문"이라고 했다. 매너리즘에 빠지지 않고 새로운 자극을 새로운 감각으로 받아들이는 방법으로 외국어를, 그중에서도 이탈리아어를 택한 것이다.

새로운 언어는 새로운 세상으로 들어가는 문이다. 나는 대학 1학년 첫 전공 수업에서 당대 최고의 역사학자였던 민두기 교수님을 만났다. 민 교수님은 그때 "언어를 하나 배운다는 것은 세상을 보는 창 하나를 더 얻는 것"이라며 외국어 공부를 강조했다. 그때의 말씀을 그냥 흘려들은 것이 내게는 가장 큰 후회 중 하나로 남았다.

라히리의 지인도 그에게 그런 이야기를 들려주었다.

"새로운 언어는 새로운 인생이나 마찬가지입니다. 문법과 구문이 당신을 바꾸고, 다른 논리와 감정으로 이끌어줄 겁니다."

새로운 언어에 대한 갈망은 글쓰기에 대한 열망으로 이어진다. 라히리는 "존재의 신비를 탐구하기 위해 글을 쓴다"고 고백했다.

"나 자신을 견뎌내기 위해서다. 내 밖에 있는 모든 것에 가까이 다가가기 위해서다. 나를 자극한 것, 날 혼란에 빠뜨리고 불안하게 하는 것, 간단히 말해 나를 반응하게 만드는 모든 것을 이해하고 싶을 때 그걸 말로 표현해야 한다. 글쓰기는 삶을 흡수하고 정리하는 내 유일한 방법이다. 그렇지 못하면 난 당황하고 혼란에 빠진다. 말로 표현되지 못한 채 지나가는 것, 글쓰기의 용광로에서 변형되지 못한 채, 다시 말해서 순화되지 못한 채 지나가는 것은 내겐 아무런 의미가 없다. 계속 지속되는 말들만이 실제인 듯하다. 실제 하는 말들은 우리보다 높은 가치, 힘이 있다."

누구나 처음 외국어를 배울 때는 실력이 느는 것도 같고 그대로인 것도 같아 안타까울 때가 많다. 라히리는 처음에 개인 과외를 했는데 그 안타까움을 뛰어난 작가답게 표현했다.

"선생님은 우리 집에 한 시간 정도 이탈리아어를 가져왔다가 그대로 가져가버렸다. 선생님과 같이 있을 때만 이탈리아어는 구체적이고 손에 닿는 듯했다."

열심히 외우는데도 단어는 바닷가 모래 위에 새긴 글자처럼 허망하게 사라져버리곤 했다. 라히리는 단어 외우기를 숲속에서 도토리 줍기 같은 것에 비유하며 그 허망함을 이렇게 묘사했다.

"하루가 저물 때면 무거워진 바구니에서 단어가 넘쳐난다. 난 열심히 일한 것 같고 부자가 된 것 같고 상쾌하다. 내 단어들이 돈보다 더 귀중한 것 같다. 내가 황금더미, 보석자루를 발견한 걸인 같다는 생각이 든다. 하지만 숲에서 나갈 때쯤 바구니를 보면 겨우 단어 한줌밖에 안 된다."

외국어를 배우는 효용은 '무지의 가치'를 일러주는 데 있기도 하다.

"나는 노력을 좋아한다. 한계가 있는 조건을 더 좋아한다. 무지가 어떤 식으로든 내게 필요하다는 걸 안다. 다른 언어로 읽는다는 건 성장과 가능성의 끝없는 상태를 내포한다."

"외국어는 완전히 분리된 다른 언어일 수 있다. 너무나 잔혹한 우리의 무지를 보여줄 수 있다."

이탈리아어에서 발견한 자유

나는 줌파 라히리가 작가로서의 명성을 안겨준 영어라는 무기를 버리고 이탈리아어로 글을 쓰려고 하는 데서 그의 안에 있는 어떤 상처를 읽었다.

인도 벵골 출신 이민자 가정에서 태어난 라히리에게 영어는 억압적 언어였다. 집에서 부모님이 벵골어를 쓰는 환경에서 자란 라히리에게 영어는 생존을 위해서 배워야 하는 언어였다. 영어로 퓰리처상까지 받은 성공한 작가가 되었지만, 그는 여전히 그 외모 때문에 "어떻게 모국어가 아닌 영어로 글을 쓰게 됐느냐?"는 질문을 받아야 했다. 영국 문학으로 박사학위까지 받았는데 길거리 전단지를 뿌리는 사람한테서도 "Can you speak English?(영어 할 줄 알아요?)"라는 소리를 들어야 했다. 어쩌면 그는 영어라는 울타리 안에서 억압과 부자유를 느꼈을 것이다. 그래서 자유의 언어를 갖고 싶었는지 모른다.

벵골어와 영어는 라히리가 선택한 언어가 아니었다. 그냥 주어진 언어 환경에 내던져졌을 뿐이다. 그는 자신의 작품 속에서 새로운 세상을 구축하듯 자신이 좋아하는 언어 환경을 스스로 선택하고 싶었을 것이다. 마침내 그는 "이탈리아어를 선택하고 공부하면서 자유를 느꼈다."

라히리는 외국어 공부의 비법도 알려준다.

"외국어는 섬세하고 예민한 근육과 같다. 근육을 사용하지 않으면 약해진다."

많이 쓰고 단련하라는 말이다. 그리고 언어의 주변부만 맴돌지 말고 중심을 향해 헤엄쳐 나아가야 한다고 강조한다.

"난 호수 기슭을 따라 헤엄쳤던 것처럼 이탈리아어를 공부했다. 늘 내 주된 언어인 영어 옆에 바싹 붙어서 말이다. 언제나 이탈리아어 기슭을 맴돌기만 했다. 이런 방법으로 외국어를 공부하면 그 언어에 빠질 수가 없다. 또 다른 언어가 늘 옆에서 받쳐주고 구해주기 때문이다. 물 깊숙이 들어가서 빠지지 않고 떠 있는 것만으로는 충분하지 않다. 새로운 언어를 배우고 빠져들려면 기슭을 떠나야 한다. 구명대 없이.

뭍에서 팔을 몇 번 젓는지 세지만 말고 말이다."

혼자의 힘으로 중심부에 풍덩 뛰어들어 열심히 팔을 휘저어야 한다는 것이다. 이는 비단 언어에만 해당되는 말이 아니다. 모든 것이 그렇다. 인생도 사업도 마찬가지다. 주변만 어슬렁거리거나 간만 보아서는 아무것도 이룰 수 없다. 깊이 들어가 헤엄쳐야 한다. 거기서 진정한 배움이 일어나고, 새로운 세상에 눈을 뜨고, 어떤 문제를 만났을 때 그 문제를 건널 수 있는 용기를 얻는다.

줌파 라히리는 처음 이탈리아어 사전을 사서 첫 장에 이렇게 썼다.

"시도하다(provare a) = 노력하다(cercare di)"

안락함의 기슭, 관습의 기슭, 도그마의 기슭에서 벗어나는 시도를 해야 한다. 인생은 그렇게 자유로워지는 것이다.

신은 왜 주사위 놀이를 하지 않을까?

이론물리학자를 꿈꾸는 내 아들은 '증명할 수 없는 난제' 앞에서 종종 좌절하곤 한다. 그럴 때마나 나는 "과학은 수많은 실패 속에서 태어나는 것"이라며 조언과 격려를 해주지만, 아들이 느끼는 좌절감을 100퍼센트 공감하진 못한다. 그렇다고 아들에게 "문송합니다(문과여서 죄송합니다)"라고 할 수도 없는 노릇이다.

성공과 실패의 아이러니

천재 물리학자 아인슈타인의 삶을 들여다보면 흥미로운 부분이 많은데, 그중에서도 관심을 끄는 것이 인생의 아이러니다. 아인슈타인에게 작은 핸디캡이나 실패는 성공으로 이끄는 징검다리였고, 큰 성공은 보다 큰 실패의 불씨였다.

천재는 어떻게 절정에 도달하고 어떻게 무너지는가? 인간은 실패와 노화에 어떻게 대처하는가? 우리는 어떻게 신뢰의 습관을 잃어버리게 되고 과연 그런 능력을 다시 되살릴 수 있는가? 이런 일들은 어떻게 일어나는가?

《아인슈타인 일생 최대의 실수》(데이비드 보더니스)는 아인슈타인과 그의 친구인 닐스 보어의 대조적인 삶을 추적하며 이 질문들에 대한 답을 찾아간다.

아인슈타인의 젊은 날은 실패와 실수로 가득했다. 고등학교를 자퇴했고 스위스 폴리테크닉대에 지원했지만 프랑스어와 화학 점수 때문에 낙방했다. 재수를 해서 폴리테크닉대에 입학했지만 처음 만난 물리학 지도교수인 하인리히 베버는 최악이었다. 베버는 물리학적 지식은 이미 세상에 다 나와 있고 미래의 물리학자들이 새롭게 밝힐 법칙 따위는 없다고 생각하는 사람이었다. 게다가 차별을 받았다. 당시 스위스의 대학들은 유대인에 대한 차별이 심했다. 교수들은 졸업 후 취직도 잘되고 더 많은 보수를 받을 수 있는 공학이나 응용물리학과에는 스위스 학생들을 추천하고, 유대인 학생들은 인기도 없고 위상도 낮은 이론물리학 같은 전공을 선택하도록 했다. 역설적이게도 이런 차별이 아인슈타인을 이론물리학의 길로 들어서게 했다.

아인슈타인은 물리학을 계속 공부하고 싶어 대학원 문을 두드렸지만 진학에 실패했다. 여러 교수에게 조교로 받아달라는 편지를 썼지만 모두 거절당했다. 그 와중에 네 살 연상의 대학 친구 밀레바 마리치와 사랑에 빠져 결혼도 하기 전에 애부터 낳게 되었다. 대학원 입학도 못 하고 직장도 구하지 못한 그는 친구인 그로스만의 아버지 추천으로 특허사무소에서 일자리를 얻는다. 실은 그마저도 절반의 성공에 불과했다. 2급 기술직에 지원했지만 그의 기술력에 실망한 소장이 3급 기술직을 제안해 겨우 자리를 구한 것이다.

그런데 대학원 진학 실패와 특허사무소 취직은 이후 아인슈타인에게 성공의 발판으로 작용했다. 특허사무소에 다니면서 아인슈타인은 물리학 연구를 계속했는데, 관심 있는 주제에 깊이 파고들 수 있었다. 만약 대학원에 진학했더라면 그러지 못했을 것이다. 연구 결과물을 내놓으라는 압력 속에서 불완전한 논문을 성급하게 발표해야 하는 부담과 압박 때문에 연구의 자유는 꿈도 꾸지 못했을 것이다. 아인슈타인은 자유를 억압하는 그런 압력을 "의지가 강한 사람만이 물리칠 수 있는 천박함에 대한 유혹"이라고 표현했다.

시간이 흘러 아인슈타인이 26세가 될 무렵 획기적인 일이 연달아 일어난다. 그가 물리학의 역사를 바꿔놓은 5편의 논문을 쓰기 시작한 것이다. 특수상대성이론을 밝혀낸 그 유명한 '$E=mc^2$(에너지=질량×광속의 제곱)'이 들어 있는 논문을 발표한 것도 그 무렵(1905년)이었다.

하지만 물리학계의 반응은 냉담했다. 그의 논문 형식이 여러 각주를 사용하는 일반적인 과학 논문과 달랐기 때문이다. 대학이 원하는 과학 논문의 형식을 갖추지 못한 것이다. 아인슈타인은 다시 학교에서 자리를 얻기 위해 노력했지만 역시 실패의 연속이었다. 취리히의 한 고등학교 교사 자리에 지원했을 때는 21명의 지원자 중 면접에 오른 3명에도 들지 못했다. 베른대 강사직에 지원했을 때는 그가 첨부한 '특수상대성이론 논문'에 대해 대학 측으로부터 "이런 잡다한 논문 말고 박사학위 논문이 필요하다"는 소리를 들어야 했다.

오랜 고생 끝에 아인슈타인은 1909년 베른대에서 겨우 자리를 잡는다. 가장 유력한 물리학과 교수 후보이자 폴리테크닉대 시절 친구였던 프리드리히 아들러가 자진 사퇴하면서 어렵게 임용이 이루어진 것이다. 아들러는 "우리 대학이 아인슈타인 같은 사람을 임용하는 것이 가능한데도 나를 임명하는 것은 터무니없는 일이 될 것이다"라는 사퇴의 변을 남기며 아인슈타인에게 길을 열어주었다.

위대한 과학자의 치명적 실수

일반상대성이론 'G=T(기하학적 구조=사물들)' 공식의 탄생도 우여곡절을 겪었다. 독일의 천문학자 에르빈 프로인틀리히는 아인슈타인에게 성능 좋은 망원경으로 태양을 관찰하면 별빛의 휘어짐을 입증할 수 있다고 얘기하고 그 관찰 계획을 세운다. 1914년 7월 세계적 무기 거래상인 크루프 가문의 지원을 받아 천체망원경을 가지고 일식이 예정된 크림반도에 도착했는데, 바로 며칠 뒤 독일과 러시아의 전쟁을 시작으로 1차 세계대전이 발발하고 말았다. 프로인틀리히는 크림반도에 진주한 러시아군에게 체포되었고, 아인슈타인의 이론 증명도 수포로 돌아가버린다.

천문학자들은 아인슈타인의 이론에 따르면 우주는 끊임없이 팽창하고 변하는데 자신들의 관찰에 의하면 그렇지 않다며 반박을 멈추지 않았다. 증명에 실패한 아인슈타인은 결국 현실적인 힘 앞에 굴복하고 자신의 공식을 수정하기에 이른다.

“아인슈타인은 자신이 무엇인가를 양보해야만 하고 만약 우주에 대해서 관찰할 수 있는 사실들이 변화하지 않는다면 그도 역시 그렇게 생각해야만 한다고 결심했다. 자신의 1915년 방정식이 우주가 변화하고 있다고 예측했다면 그는 방정식을 수정해서 그런 예측을 하지 않도록 만들어야만 했다. 결국 아인슈타인은 1917년 2월 베를린에서 개최된 프로이센과학원 학술회의에서 ‘사실은 내가 여기서 발표했던 중력의 방정식들은 이런 근본적인 어려움을 극복하기 위해서 수정되어야 한다는 결론에 도달하게 되었다’고 선언했다. 그렇게 아름답고 그렇게 대칭적이었던 방정식 G=T 대신, 이제 절뚝거리는 G−Λ(람다)=T로 수정한 것이다.”

여기서 Λ(람다)는 우주상수(우주에서 작동하는 고정된 숫자)를 의미하는데, 별들이 뭉치게 만드는 인력의 일부를 제거하도록 방정식을 고친 것이다.

‘G=T’라는 아름다운 공식이 빛을 본 것은 ‘관찰’이 가능해지면서였다. 여기에 기여한 사람들 중 한 명이 바로 에드윈 파월 허블이다. 허블망원경을 발명한 그는 관찰을 통해 별들은 더 멀리 있을수록 더 뚜렷하게 붉어진다는 것을, 외계 우주 영역에 있는 것들은 무엇이든 상관없이 실제로 우리로부터 멀어져가고 있다는 것을 증명했다. 즉, 우주가 끊임없이 팽창하고 있다는 사실을 입증한 것이다. 이에 대해 데이비드 보더니스는 "아름다운 단순성을 가진 아인슈타인의 본래 방정식은 되살아났지만, 그의 심리 상태는 회복할 수 없었다"고 썼다. 주류의 지적에 의해 자신의 이론을 수정했으나 결국 자신의 이론이 맞았다는 그 경험이 그를 도그마에 빠지도록 만들었다는 것이다. 이것이 그의 두 번째 실수를 낳게도 되었다.

아인슈타인의 두 번째 실수는 양자역학의 불확정성과 무작위성을 수용하지 않은 것이다. 1927년 10월 24일 벨기에의 수도 브뤼셀에서 열린 5차 솔베이회의(물리학과 화학의 미해결 문제를 다루는 모임)에서 아인슈타인은 "신은 주사위 놀이를 하지 않는다"는 말로 양자역학의 가능성을 부인했다. 아인슈타인이 주사위 놀이라고 표현한 이유는 양자론이 세상을 확률로 바라보기 때문이다. 당시 아인슈타인은 물리학계에서 범접할 수 없는 위상을 가진 인물이었기 때문에 누구도 섣불리 대적할 수 없었다. 하지만 친구인 닐스 보어는 "신의 주사위 놀이는 자네가 상관할 바가 아니네. 신이 왜 주사위 놀이를 하지 않는지 잘 생각해 보게나"라며 당당하게 맞섰다. 아인슈타인과 보어의 양자론 논쟁은 결국 보어의 승리로 끝났고, 아인슈타인은 쓸쓸히 회의장을 떠났다.

두 사람은 약자역학에 대한 해석에서는 시각을 달리했지만, 관계는 나쁘지 않았다. 오랜 기간 논쟁을 펼치면서도 서로에 대한 존경과 친분을 유지했다. 아인슈타인은 자기 인생에서 보어처럼 즐거움을 준 사람은 없었다고 말했고, 보어는 아인슈타인과의 대화가 자신에게 가장 큰 경험이었다고 고백했다.

아인슈타인은 이후 여러 차례 자신의 오류를 수정할 기회가 있었지만 자신의 직관에 대한 믿음이 너무나 완고했다. 자신이 옳다는 믿음과 줄기찬 노력이 그를 가장 위대한 과학자로 만들어준 원동력이었지만, 그것이 또한 그로 하여금 독선의 경계를 넘어설 수 없게 했다. 양자역학의 최신 결과들을 멀리함으로써 아인슈타인은 원자의 내부에서 새로운 입자들을 찾아내는 시대적 돌파구로부터 고립되어갔다. 그건 아인슈타인의 실패였을 뿐 아니라 인류의 손실이었다.

아인슈타인은 "인생은 자전거를 타는 것과 같다. 균형을 잡으려면 움직여야 한다"고 했다. 하지만 정작 그 자신은 그의 도그마에 막혀 너무 일찍 멈춰버렸다. 불균형의 비극이다.

나를 지키는 최선의 방법

시간은 인간의 발명품이다. 그냥 흘러가는 시간이 무슨 인간의 발명품이냐고 되묻겠지만 우리가 인식하는 시간이라는 개념은 분명 인간의 훌륭한 발명품이다. 인간은 무심히 흐르는 시간 위에 눈금을 새기듯 일 년, 한 달, 일주일, 하루, 시간 · 분 · 초의 매듭을 지은 뒤에야 비로소 인간다운 삶을 살게 되었다. 우리가 지금 누리고 있는 인류의 문명은 인지와 농업, 산업이라는 '3가지 혁명'에 기초하고 있는데, 이 또한 시간이라는 발명품이 없었다면 불가능했다.

우선 인지혁명. 인지혁명을 통해 호모사피엔스는 지구의 정복자가 된다. 인지혁명은 인간이 '언어'를 습득하면서 가능해졌다. 언어를 통해 약속을 하고 협력이 가능해졌기 때문에 호모사피엔스가 다른 종을 압도할 수 있었던 것인데, 그 협력과 약속은 시간이라는 개념이 없으면 불가능한 것이다.

다음은 농업혁명. 채집생활을 하던 인간이 농경을 시작할 수 있었던 것은 씨를 언제 뿌려야 하고, 언제 물을 줘야 하고, 언제 수확해야 하는지 알 수 있는 방법을 찾았기에 가능했다. 역시 시간에 대한 명확한 인식이 전제되어야 한다.

그럼 산업혁명도? 물론이다. 대량생산을 위해서는 사람들이 동시에 출근하고 퇴근해야 하는데, 19세기 초반까지만 해도 영국에서조차 표준시간이 존재하지 않았다. 표준시간이 있어야 기차에 의한 물류혁명이 가능한데 당시에는 리버풀의 시간과 맨체스터의 시간이 달랐다. 이 문제를 해결하기 위해 기차시간표를 기준으로 표준시간이 정해지는데, 이것이 오늘날의 그리니치 표준시다.

개인적 차원에서도 시간의 매듭이 있어야 발전이 가능하다. 하루가 있기에 내일이 오늘보다 나아질 수 있고, 한 달이 있기에 다음 달이 이번 달보다 좋아지기를 바라며 계획하고 실행할 수 있는 것이다. 실패했을 때도 마찬가지다. 내일이 있기에 오늘의 절망을 극복할 수 있고 다음 달이 있기에 이번 달의 아픔을 털어낼 수 있다. 만약 시간이라는 좌표가 없었다면 인간은 아무런 의미도 만들지 못하고 흐르는 시간의 표면에 미끄러지는 존재에 지나지 않았을 것이다.

좋은 결과를 낳는 '형벌'

시간 단위들 중에 사람들이 가장 큰

의미를 부여하는 단위는 '해'다. 대부분의 계획이 연도 단위로 세워지고, 해가 바뀔 때 사람들은 가장 많은 다짐을 한다. 설사 그 계획과 다짐이 결과를 맺지 못한다는 사실을 알고 있다 해도 말이다. 우리는 모두가 어쩔 수 없는 시시포스들이니까.

신화에 나오는 시시포스는 제우스를 속인 죄로 바위를 끊임없이 산 위로 밀어 올리는 벌을 받았다. 힘든 일을 매번 똑같이 반복해야 하는 고통이 얼마나 클까? 하지만 신화 속 이야기와 달리 현실 세계에서는 '시시포스의 형벌'이 좋은 결과를 낳는 훌륭한 비결이기도 하다.

타석에 들어서기 전 한 번 쪼그려 앉았다가 어깨를 펴고 일어서서 플레이트로 걸어간다. 깊이 숨을 들이마신 뒤 배트를 쥔 오른팔을 크게 돌려 투수 쪽을 겨냥한다. 왼손으로 오른쪽 어깨 유니폼을 한 번 잡아당긴다. 미국과 일본에서 통산 4,000안타를 훌쩍 넘긴 타격의 신 스즈키 이치로의 타격 전 모습을 보면 마치 종교의식을 거행하는 성직자 같다. 그가 수행하는 루틴(routine)에는 한 치의 오차도 없다. 승부에 결정적인 순간이건 아니건 상관없이 늘 똑같은 동작을 반복한다.

타격 자세뿐 아니라 이치로는 생활 전체가 거대한 루틴으로 짜여 있다. 경기 전에는 아내가 만들어준 카레나 소면, 식빵을 먹고, 원정 경기에는 페퍼로니피자를 먹는다. 경기 시작 5시간 전에 경기장에 들어서는데 오른발부터 들어갈 것인지 왼발부터 들어갈 것인지 미리 정한 뒤 스타디움 안으로 입장한다. 먼저 스트레칭을 하는데 방식과 시간은 늘 똑같다. 타격 연습을 할 때에는 3볼 0스트라이크 상황을 가정하고 이미지트레이닝을 한다. 더그아웃에 있을 때에는 나무 막대기로 발바

닥을 문지르며 발을 마사지하고 다른 선수의 배트는 절대 만지지 않는다. 경기 후에는 필요한 만큼 배팅 훈련을 하고 집에 돌아와 식사를 하고 당일 경기를 정리해본다.

이치로는 이 같은 루틴을 30년간 한 번도 거르지 않았다고 한다. 그는 "꿈을 낚는 것은 단번에 할 수 없다. 작은 일을 거듭 쌓아나감으로써 언젠가 믿기 어려운 힘을 낼 수 있게 된다"고 말한다.

미국 메이저리그 뉴욕 메츠의 스포츠 심리닥터인 조너선 페이더가 쓴 《단단해지는 연습》을 보면 이치로를 비롯하여 시시포스의 형벌을 기꺼이 감수한 이들의 성장과 성공 이야기를 만날 수 있다.

인간은 누구나 성공하면 흥분하고 실패하면 좌절한다. 타자가 컨디션이 좋고 공이 잘 맞으면 흥분해서 욕심이 생기고 타격폼이 커진다. 그러면 공이 안 맞기 시작한다. 반대로 공이 배트에 잘 안 맞으면 타격폼이 작아지고 위축되어서 더 안 맞게 된다. 일정한 루틴을 유지해야만 이런 2가지 위험에서 벗어날 수 있다.

골프에서 골든그랜드슬램을 달성한 박인비 선수의 최대 장점은 일관성이다. 그 일관성은 일정한 루틴에서 나온다. 일정한 루틴을 유지할 때 마음도 흔들리지 않는다. 이는 비단 운동 경기에서만 해당되는 것이 아니다. 시험을 볼 때나 중요한 발표를 할 때, 보고서를 만들 때나 영업을 할 때 꾸준한 성과를 만들기 위해서는 자기만의 루틴을 만들어야 한다.

일정한 루틴은 위기를 극복할 때 더 필요하다. 투수가 역전 홈런을 맞은 뒤 더 무너지지 않기 위해서는 재빨리 원래의 루틴으로 돌아와야 한다. 유니폼을 고쳐 입고, 로진백을 만지고, 새 공으로 바꾸고, 마운드 판을 툭툭 쳐서 다듬은 뒤에야 위기에서 벗어나 원래의 자신으로 돌아올 수 있다.

"삶이라는 경기에서 승리한 사람들은 '더 좋은 실패'를 할 줄 아는 사람들이다. 그들은 실패를 하더라도 거기에 머물러 있지 않고 실패의 경험으로부터 힘을 얻어 앞으로 나아간다. 그들은 신속하게 대처하고 어려움을 딛고 일어선다. 그리고 예상치 못한 결과에 대해서 태연함을 유지한다."

조너선 페이더가 선수들을 관찰하고 얻은 결론이다. 《채근담》(홍자성)에도 비슷한 내용이 있다.

성긴 대숲에 바람이 불어오되

바람이 지나가면 대숲은 소리를 머금지 아니한다.

차가운 연못 위로 기러기 날아가되

기러기 지나가면 연못은 그림자를 붙들지 않는다.

그와 같이 군자는 일이 생기면 비로소 마음이 일고

일이 끝나면 마음도 따라서 빈다.

風來疎竹

風過而竹不留聲.

雁度寒潭

雁去而潭不留影.

故君子 事來而心始現

事去而心隨空.

무릇 옛것을 보내고 새로운 것을 기다리는 마음은 이러해야 한다. 새해가 되면 사람들이 금연이나 운동 결심을 하는데, 그 결심들이 실패로 돌아가는 이유는 목표를 주로 결과에 두기 때문이다. 조너선 페이더는 목표를 결과가 아닌 과정에 두라고 조언한다. 예를 들어 '새해에는 운동을 해서 몸무게를 5kg 빼야겠다'와 같은 결과 중심의 목표를 잡지 말고 '새해에는 일주일에 3번 이상 운동을 하겠다'처럼 과정 중심의 목표를 잡으라는 것이다. 또 목표를 정하더라도 통제 가능한 수준을 고려하는 것이 중요하다. '새해에는 전교 성적을 20등 이상 끌어올리겠다'는 목표를 잡아도 이것은 스스로 통제할 수 있는 목표가 아니다. 다른 친구들이 자신보다 더 열심히 한다면 오히려 등수가 떨어질 수도 있다.

어떤 선수가 타율을 끌어올리겠다는 목표를 세우고 연습했으나 성과를 내지 못했다. 그래서 페이더는 그 선수의 목표를 다르게 설정하게 했다. 선구안을 높이는 훈련을 통해 투수가 최소한 공 5개 이상을 던지게 만드는 것을 목표로 설정한 것이다. 중간 점검도 그 선수가 안타를 몇 개 쳤느냐가 아니라 타석에서 공을 몇 개 지켜봤는지, 안타와 무관하게 타구 속도는 어떤지만 확인했다. 그랬더니 타율이 껑충 뛰었다. 그 선수의 말이다.

"제가 할 수 있는 일에만 집중하기 시작하면서 마음이 편안해졌어요. 예전과 같은 압박감이 들지 않더군요. 그동안 타석에 들어서면 항상 이런 생각을 했죠. '안타를 쳐야 해. 안타를 쳐야 해.' 하지만 지금은 올바른 방식으로 호흡하고 다양한 구질을 시각화하는 데 집중합니다. 그리고 놀랍게도 제가 생각하는 대로 변화를 이끌어낼 수 있었고, 이는 결국 제가 원하던 결과로 이어졌습니다."

마음의 병을 치유하는 '직내'

목표 달성을 위해서는 루틴 같은 외적 수련만큼이나 내적 수양도 중요하다.

> (군자는) 경건함으로 내면을 직시하고
>
> 의로움으로 당당하게 외부 세계와 대면한다.
>
> 敬以直內
>
> 義以方外.

《주역》〈문언편〉에 나오는 말이다.

살다 보면 자기 자신의 내면을 들여다보는 직내(直內)가 세상을 마주하는 방외(方外)보다 더 힘들고 어렵게 다가온다. 자기 자신의 약점과 결점을 인정하기 위해서는 큰 용기가 필요하고, 자신이 진정으로 원하는 것이 무엇인지를 확인하는 것도 두려운 일이다. 하지만 경건함으로 자신의 내면을 똑바로 바라볼 수 있어야 세상과 당당히 대면할 수 있다. 직내가 수신(修身)의 시작인 것이다. 스스로 부끄러운 줄 알면서도 권력과 부귀를 위해 직내를 포기한 사람들의 끝을 우리는 현실에서 종종 목도한다.

《나를 지켜낸다는 것》의 저자 팡차오후이 칭화대 교수는 다른 사람의 시선보다 '나를 비추는 거울'을 두려워해야 한다고 말한다.

> 남이 보지 않는 곳에서 스스로 경계하고
> 남이 듣지 않는 곳에서 스스로 두려워해야 한다.
> 숨겨진 것처럼 잘 드러나는 것은 없으며
> 미세한 것처럼 잘 나타나는 것은 없다.
> 그러므로 군자는 혼자 있을 때에도 삼간다.
> 戒愼乎其所不睹
> 恐懼乎其所不聞.
> 莫見乎隱
> 莫顯乎微.
> 故君子愼其獨也.

《중용》에 나오는 이 문구는 우리에게는 안중근 의사가 단지한 손바닥 도장과 함께 남긴 유묵으로 익숙하다.

사실 요즘 사람들이 앓는 마음의 병은 평소 자신을 대면한 적이 없거나 내면세계에 대해 진지하게 반성하지 않았기에 생기는 문제일 수 있다. 그런 의미에서 자신만의 고요한 시간을 가지며 마음의 거울로 삼을 만한 글을 가까이하는 것이 건강한 삶을 사는 좋은 방법이다.

삶의 균형이 제일 중요하다. 일과 휴식이 그렇고 앎과 실천이 그렇다. 성공을 위한 여정도 다를 것이 없다. 밖과 안이 적절한 조화를 이룰 수 있어야 한다. 방외에 매몰되어서도 안 되고, 직내에 침잠해서도 안 된다. 2가지를 병행하며 몸과 마음이 교통하는 가운데 목표를 향해 나아가야 한다. 그 과정에서 보다 단단해진 자신을 발견할 수 있고, 알 수 없는 미래에서 스스로를 지켜내는 힘을 기를 수 있다.

싸우는 자는 실패하지 않는다

용기가 필요할 때면 펴드는 책이 있다. 미국 상원의원 엘리자베스 워런의 자서전 《싸울 기회》다. 처음에는 워런이 정치인으로 성장해가는 과정에 주목했는데, 그다음부터는 여자로서, 일하는 엄마로서 이룬 성취가 더 깊이 다가왔다. 사실 정치인으로 성장해가는 과정이나 여자로서 꿈을 이루어가는 과정은 크게 다르지 않다.

워런은 북극성처럼 높고 선명한 목표를 세우고 그것을 향해 성큼성큼 나아가 마침내 정상에 오른 불굴의 의지를 가진 정치인도, 슈퍼우먼도 아니었다. 각개약진하듯 낮은 포복으로 눈앞에 보이는 장애물들을 하나씩 통과해 겨우겨우 고지에 이르렀을 뿐이다. 그의 삶은 들판의 질경이와도 같았다. 질경이 씨앗이 어떤 땅에 떨어져도 그곳에서 뿌리를 내리고 푸른 잎을 키워 올리듯 워런 역시 어떤 상황에 처하더라도 그곳에서 가능한 꿈을 꿨고 그 꿈을 이루려고 노력했다.

세상에서 가장 멋진 남자

고등학교 3학년인 워런은 대학 진학을 포기해야 할 상황이었다. 집안은 딸아이를 대학에 보낼 형편이 아니었고, 성적이 뛰어난 편도 아니었다. 그때 상담 선생님 방에서 대학 입학에 관한 책을 발견하고 새로운 길을 찾았다. 학교 토론팀에서 활동하던 워런은 책에서 '토론 장학금'을 주는 대학을 찾았고 부모님을 설득해 대학에 진학했다.

어렵게 들어간 대학이었지만 거기서 첫사랑을 다시 만나 열아홉 살에 결혼식을 올리고 학업을 포기한다. 이어서 남편 직장이 있는 휴스턴으로 이사를 가서 새로운 꿈을 꾸게 되는데, 바로 특수교사가 되는 것이었다. 한 학기 학비가 50달러밖에 안 되는 휴스턴대를 졸업하고 스물한 살에 장애 아이들을 가르치는 언어치료사가 된다. 하지만 이번에는 첫째 딸 아밀리아가 태어나 교사일을 그만두게 된다.

아이를 키우면서 워런은 변호사가 되겠다는 꿈을 갖게 되고 럿거스대 법대에 입학한다.

"난 법대가 무척 좋았다. 그 지적인 강렬함과 교수들이 우릴 다그치고 우리가 서로를 반대심문하면서 나누는 그 예리한 대화들도 맘에 쏙 들었다. 무엇보다 낙관적인 수업 분위기가 최고였다. 타인을 설득하고 논쟁을 통해 우리가 더 나은 세상을 만들어갈 수 있다는 그 믿음이 좋았다."

변호사 자격증을 따서 로펌에 취업한 워런에게 이번에도 예기치 않은 일이 일어난다. 둘째 아들 앨릭스가 태어나 일을 그만두게 된 것이다. 이제 일의 세계는 영원히 닫혀버린 것만 같았다.

"마음을 다잡으려고 무척 애를 썼지만, 이른 아침이나 늦은 밤같이 고요한 시간이 되면, 미친 듯이 달려갔는데 그만 기차를 놓쳐버린 듯한 기분이 드는 이유는 무엇인지 생각해봤다."

워런은 두 아이를 키우면서 모교인 럿거스대 법대에서 법정문서 작성 수업을 맡았다. 비교적 만족할 만한 생활이었다. 강의도 자리를 잡아갔고, 아이들도 잘 자라주었다. 그럴 즈음 남편이 다른 도시로 발령을 받았다. 하지만 워런은 이번에도 그냥 물러서지 않았다. 휴스턴 법대에서 교수 자리를 찾은 것이다. 애를 돌보고, 강의를 준비하고, 가족의 식사를 준비하고, 학교에 나가 강의를 하는 이 모든 일들을 워런은 혼자 해나갔다. 남편은 일하는 것을 반대하지 않았지만 거의 아무것도 도와주지 않음으로써 아내의 일을 반대했다.

"짐과 나는 한 번도 다툰 적이 없었다. 짐은 내 일에 대해 별말을 하지 않았지만 저녁이 제때 준비되지 않거나 내가 시험지를 채점하느라 밤늦게까지 자지 않으면 항상 시계를 봤다. 자기는 돈을 벌고 나는 살림하면서 아이들을 키우자고 우리가 맺은 무언의 거래를 내가 깨고 있다고 생각하는 듯했다."

결국 두 사람은 갈라섰다. 하지만 워런은 남편의 성을 계속 사용하기로 한다. 아이들 때문이다. 아이들과 같은 성을 사용해야 아이들이 좀 더 순탄하게 살아갈 수 있다고 생각했다.

워런은 이혼 후 짊어진 짐이 오히려 가벼워졌다. 다른 남자를 만나 결혼했기 때문이다. 법의 역사를 가르치는 교수였던 브루스는 모든 면에서 전 남편과 다른 사람이었다. 식사 준비는 그가 도맡아서 했으며 워런의 선택에 대해 적극적으로 지원해주었다. 브루스 덕택에 일하는 엄마로서의 고비도 무사히 넘겼고, 아밀리아와 앨릭스도 건실하게 성장했다.

"아밀리아는 대학에 갔다. 앨릭스는 책을 쌓아놓고 읽었다. 10년 넘게 가슴 졸이며 살던 나도 한결 느긋해졌다. 내가 아이들을 망치진 않은 것 같다는 생각이 들면서 비로소 일하는 엄마라는 내 자리에서 평화로워졌다."

이 모든 과정을 무사히 넘길 수 있도록 함께해준 남편 브루스에게 워런은 이런 헌사를 남겼다.

"나는 세상에서 가장 멋진 남자를 잡아 결혼했다. 브루스를 만난 행운에 감사드리고 브루스를 꼭 잡고 놓치지 않았던 내 혜안에 만족한다. 브루스는 수백만 가지 장점이 있는 사람이지만, 이 책을 쓸 때 한 가지 특별한 점에 주목하게 되었다. 브루스는 내가 싸우려고 할 때 한 번도 말린 적이 없다. 게다가 키스도 끝내주게 잘한다. 브루스가 없었다면 난 절대 이 책을 쓰지 못했을 것이며, 그보다 더 중요한 점은 여기 적힌 모험 중 대부분을 하지 못했을 것이란 점이다."

백전백승 인생

정치인은 두 종류가 있다. 정치권력 자체가 목적인 정치인이 있고, 권력은 자신의 이상을 실현하기 위한 수단일 뿐인 정치인이 있다. 사실 대부분의 정치인들은 권력 자체가 목적인 정치인들이다. 하지만 엘리자베스 워런은 권력이 수단일 뿐인 정치인이다.

본래 워런은 정치를 하겠다는 꿈조차 꿔본 적이 없었다. 단지 눈앞에 놓인 문제를 하나하나 해결하다 보니 그렇게 된 것이다. 다만 워런은 당면한 문제를 단 한 번도 회피하지 않았다.

워런을 정치인으로 이끈 계기는 텍사스대에서 시작한 파산법 강의였다.

"한 가정이 파산하는 그 순간은 아주 큰 패배이자 종종 개인적인 수치이기도 하다. 판사 앞에 선 많은 사람에게 이건 온 세상에 대고 자신이 위대한 미국의 경제 게임에서 졌다고 선언하는 바나 다름없다. 나는 그들이 무엇 때문에 그렇게 벼랑 끝에 몰렸는지, 그리고 왜 그렇게 되었는지 알고 싶었다. 나는 어떤 사람들이 파산하는지, 그들이 뭘 했는지, 정확히 뭐가 잘못돼서 그런 처지에 놓였는지 알고 싶었다."

워런은 씨티은행으로부터 강연 요청을 받았다. 파산 증가로 은행이 입는 손실을 줄이기 위한 방안을 알려달라는 것이었다. 워런의 충고는 간단했다. 은행의 손실을 줄이고 싶으면 경제적인 어려움에 처해 더 이상 높은 금리의 대출을 받을 수 없는 사람들에게는 대출을 해주지 말라는 것이었다. 세미나가 끝나고 씨티은행 보스가 다가와 이렇게 말했다.

"교수님, 감사합니다. 하지만 우린 그 사람들을 향한 대출 비중을 줄

일 생각이 없습니다. 우리 은행 이윤은 대부분 거기서 나오거든요."

뭐라고? 어려운 사람들을 더 어렵게 만들겠다고? 이후 워런은 거대 금융기업의 탐욕에 맞서 서민 가정의 안전을 지키는 활동을 벌인다. 1995년 파산법 검토위원회, 2007년 부실자산구제프로그램(TARP)의 감독위원회에서 활동하면서 대형 은행과 워싱턴 정가의 부패와 유착에 더 주목하게 된다.

워런은 월가를 위해 일하는 로비스트들과 정치인들의 끊임없는 방해에 맞서 싸우면서 거대 금융기업의 횡포로부터 소비자들을 보호하기 위한 정부기관 '소비자금융보호국' 창설을 주도한다. 이 과정에서 정치권이 얼마나 부패했는지를 새삼 확인하고 새로운 정치의 필요성을 깨닫는다.

"미국의 민주주의는 상당히 심한 타격을 입었다. 대형 은행들의 CEO와 그들이 거금을 주고 부리는 로비스트들이 휘두르는 정치적 영향력은 민망할 정도로 막강하다. 사람들이 워싱턴 정가가 얼마나 썩었는지 이야기할 때면 반박할 말이 없다. 맞다. 거긴 문제가 많은 곳이고, 중요한 우선순위들이 뒤로 밀려나는 경우가 너무나 잦다. 하지만 난 국민이 포기하지 않기를 정말 간절히 바라고 있다. 왜냐하면 온갖 악조건에도 불구하고 사람들이 싸웠을 때 민주주의는 그 힘을 발휘했으니까. 찌그러지고 할퀸 곳도 많지만, 그래도 효과가 있었다."

이후 하버드대 교수로 돌아온 그의 앞에 다시 '싸울 기회'가 다가왔다. 소비자금융보호국 창설을 지원해주던 테드 케네디 상원의원이 사망하자 그 자리를 '월가의 총아'로 불리던 공화당의 스콧 브라운이 차지한 것이다. 워런은 이를 저지하기 위해 2011년 매사추세츠주 상원의원 선거에 뛰어들어 값진 승리를 거둔다.

2016년 엘리자베스 워런이 미국 대통령 선거에 출마할 것이라는 이야기가 나왔다. 하지만 출마하지 않았다. 그렇다고 그의 싸움이 멈춘 것은 아니다. 여전히 그의 앞에 더 큰 싸움이 기다리고 있고, 반드시 싸워서 무너뜨려야 할 '괴물'이 세상을 조종하고 있기 때문이다. 그것은 미국이라는 국가와 국민의 안전은 물론 전 세계의 정의와 평화를 방해하는 그 무엇이다. 어려운 싸움일 것이다. 하지만 워런은 이 싸움을 두려워하지 않을 것이다. 숱한 싸움을 통해 확실한 승리의 원칙을 발견했기 때문이다.

"당신에게 실질적인 권력이 없다면 국민에게 가라. 진짜 국민에게. 진정한 권력은 바로 국민에게서 나온다."

세상에 백전백승의 인생을 살 수 있는 비결은 없다. 하지만 우리는 워런의 인생에서 백전백승의 비결을 발견한 듯한 느낌을 갖는다. 그것은 바로 '싸우지 않으면 승리도 없다'는 것, 실패는 쓰러졌을 때가 아니라 싸우기를 멈췄을 때 온다는 진실.

"변화는 힘들지만 불가능하지 않다. 바로 이 때문에 나는 열정을 쏟는다. 어떻게 백전백승의 인생을 살 수 있는가? 우리에게 필요한 것은 그저 싸워서 승리할 수 있는 가능성이다."

워런은 그 가능성 하나만을 믿고 자신의 인생을 가로막는 수많은 난관들에 맞서 싸울 기회를 남이 아닌 자신의 것으로 만들었다.

죽음이 삶에 던지는 질문 그리고 해답

늙어가는 것은 무엇인가를 잃어가는 과정이다. 머리카락을 잃고, 시력을 잃고, 청력을 잃고, 기억력을 잃고, 친구를 잃고, 사랑하는 사람을 잃고, 그렇게 하나씩 잃어가다 결국은 스스로를 잃게 된다.

나이를 먹는 것은 또 할 수 있는 일을 하나씩 지워나가는 과정이기도 하다. 더 이상 자전거를 타거나 등산을 할 수 없게 되고, 쉬엄쉬엄 걷는 산책마저 어렵게 되고, 맛있는 것을 먹을 수 없게 되고, 책을 읽을 수도 없게 되다 결국은 소멸에 이른다.

죽음의 공포는 결국 이런 상실에 있지 않을까? 나는 아직 죽음을 경험하지 못한 자로 그렇게 짐작할 뿐이다.

죽음의 공포에 맞서기

인간이 죽음의 공포와 싸우는 방법은 보통 2가지인데, 종교와 과학(의학)이 그것이다. 종교는 인간이 가진 죽음에 대한 본능적인 두려움에 기댄 형이상학으로, 죽음 이후에 무한한 세계가 있다는 믿음으로 죽음의 공포를 견디게 한다. 의학은 종교와 다른 방식으로 죽음의 공포에 맞선다. 바로 삶의 유한성을 과학의 힘으로 확장하는 것이다. 하지만 그 싸움에서 최종 승자는 늘 죽음이다.

아툴 가완디의 《어떻게 죽을 것인가》와 폴 칼라니티의 《숨결이 바람 될 때》는 삶의 유한성에 관한 책이다. 죽음을 다룬 두 책에는 몇 가지 공통점과 차이점이 있다.

우선 저자가 여러 면에서 포개진다. 아툴 가완디와 폴 칼라니티 둘 다 인도계로 의사인 아버지를 둔 의사다. 의사가 되는 과정도 비슷하다. 아툴 가완디는 스탠퍼드대와 옥스퍼드대에서 윤리학과 철학을 전공한 뒤 하버드 의대에 들어갔고, 폴 칼라니티는 스탠퍼드대에서 문학과 생물학을 전공한 뒤 영문학 석사를 받고 케임브리지대에서 과학철학을 공부한 다음에 예일대 의학대학원에 진학했다. 두 사람 모두 문학과 철학이라는 렌즈를 통해 인간을 탐구하다 아예 생명과학의 영역으로 넘어온 것이다. 그러니까 두 사람 모두 '성공의 수단'으로 의사라는 직업을 선택한 것이 아니라 '생명의 가치'에 공헌하는 방법을 찾다 의사의 길을 걷게 된 것이다.

하지만 두 책은 결정적인 차이점이 있다. 아툴 가완디는 관찰자로서 죽음을 바라보지만, 폴 칼라니티는 직접 삶과 죽음의 경계에 서서 스스로를 바라본다. 아툴 가완디는 주로 '죽음 앞에 있는 환자에게 의학은 무엇을 해주어야 하는가?'에 대해 말하고, 폴 칼라니티는 '우리의 삶을 의미 있게 하는 것은 무엇인가?'를 묻는다.

두 책 모두 죽음을 이야기하고 있지만 결국 두 책이 말하고 싶어 하는 것은 '가치 있는 삶'이다. 과연 무엇이 인생을 가치 있게 만드는가?

죽음이 던지는 질문

삶의 끝에 놓인 죽음이 인간에게 던지는 가장 중요한 질문은 '당신의 삶에서 가장 중요한 것은 무엇인가?' 하는 것이다. 그 질문에 대한 답은 사람마다 다르겠지만, 자신 앞에 얼마나 많은 시간이 남았느냐에 따라서도 그 답은 달라질 수 있다.

폴 칼라니티는 "당신에게 가장 중요한 게 뭔지 꼭 생각해보라"는 담당 의사의 말에 "시간이 얼마나 남았는지 알면 쉬울 텐데요. 2년이 남았다면 글을 쓸 겁니다. 10년이 남았다면 수술을 하고 과학을 탐구하겠어요"라고 답한다.

죽음까지 남아 있는 시간에 따라 중요한 것이 달라지는 현상을 아툴 가완디는 로라 카스텐슨 스탠퍼드대 교수의 '사회 정서적 선택 이론'으로 설명한다. 우리가 시간을 어떻게 보내고 싶어 하는지는 자신에게 얼마나 많은 시간이 남아 있다고 생각하는지에 달려 있다는 가설이다. 이에 따르면 젊고 건강할 때는 자신이 영원히 살 것처럼 믿는다. 이럴 때는 가족과 시간을 보내는 것보다 친구를 비롯한 사회적 관계를 넓히는 일에 몰두하면서 성취감, 자아실현 등을 추구한다. 반면 죽음의 그림자가 어른거리는 순간에는 시야가 축소되어 삶의 초점이 지금, 여기로 변하게 된다. 가완디의 아버지 역시 그랬다. 척수종양 진단을 받은 후 가완디의 아버지는 삶에 대한 초점이 좁아지고 욕구에도 변화가 생겼다.

"그 후로 아버지는 손주들을 더 자주 찾아봤고 특별히 시간을 내 인도로 날아가 친척들을 만났으며 새로운 일을 벌이는 것을 줄였다."

어쩌면 죽음이 삶의 끝자락에 자리 잡고 있어 인간은 중요하고 의미 있는 것을 비로소 깨닫게 되는 것인지도 모른다. 가완디는 "자신에게 주어진 시간이 유한하다는 걸 이해하는 게 축복일 수 있다는 것을 이해하기 시작했다"고 고백한다.

칼라니티는 예고된 죽음 앞에 무릎 꿇지 않고 자신에게 무엇이 중요한지를 찾고 그것을 향해 용기 있게 걸어 나갔다. 암을 극복하거나 물리치겠다고 허세를 부리지 않고, 전에 계획해둔 미래를 잃어가는 가운데 새로운 미래를 구축했다. 그가 "희망한 것은 가능성 없는 완치가 아니라, 목적과 의미로 가득한 날들"이었다. 칼라니티의 마지막 소망은 딸 케이디가 자신의 얼굴을 기억할 때까지 살아가는 것이었다. 하지만 그 소망은 이루지 못했다. 그래서 어쩌면 그의 책은 딸을 위해 남겨놓은 것이라고 할 수 있다. 그는 사랑하는 딸을 위해 책의 말미에 이런 말을 남겼다.

"네가 어떻게 살아왔는지, 무슨 일을 했는지, 세상에 어떤 의미 있는 일을 했는지 설명해야 하는 순간이 온다면, 바라건대 네가 죽어가는 아빠의 나날을 충만한 기쁨으로 채워줬음을 빼놓지 말았으면 좋겠구나. 아빠가 평생 느껴보지 못한 기쁨이었고, 그로 인해 아빠는 이제 더 많은 것을 바라지 않고 만족하며 편히 쉴 수 있게 되었단다. 지금 이 순간, 그건 내게 정말로 엄청난 일이란다."

삶을 의미 있게 만들어주는 것

폴 칼라니티의 삶에서 가장 인상적인 것은 그가 의사의 길을 걷게 되는 과정이다. 스탠퍼드대에 입학해 영문학과 생물학을 복수 전공한 칼라니티는 같은 대학에서 영문학 석사학위를 받는다. 그 뒤 케임브리지대에서 역사 및 철학 과정을 이수하고 예일대 의대 대학원에 진학해 의학 공부를 시작했다. 졸업 후 모교인 스탠퍼드대로 돌아와 신경외과 레지던트 과정을 밟았다.

어린 시절 애리조나의 킹맨이라는 사막 도시에서 자란 칼라니티에게 어머니는 독서 목록을 가져와 읽게 만든다. 칼라니티는 처음에 어머니의 강요로 조지 오웰의 《1984》를 읽고 책의 세계로 빠져들었다. 그후 니콜라이 고골, 찰스 디킨스, 마크 트웨인, 제인 오스틴, 장 폴 사르트르, 헨리 데이비드 소로, 알베르 카뮈 등 수많은 책을 섭렵한다.

"책은 잘 다듬어진 렌즈처럼 세계를 새로운 시각으로 보여주는 가장 가까운 친구였다."

"나는 무언가를 성취하기보다는 이해하려고 노력하는 일에 더 끌리는 편이었다. 무엇이 인간의 삶을 의미 있게 하는가? 뇌의 규칙을 가장 명쾌하게 제시하는 것은 신경과학이지만 우리의 정신적인 삶을 가장 잘 설명해주는 것은 문학이라는 내 생각에는 변함이 없었다."

이런 생각을 가진 그가 문학을 선택한 것은 너무나 당연한 일이었다. 하지만 문학 공부가 깊어지면서 그의 관심은 서서히 철학과 생물학 쪽으로 기운다.

"나는 언어를 사람들 사이에 존재하는 거의 초자연적인 힘으로 생각하게 되었다. 언어는 고작 몇 센티미터 두께의 두개골에 보호받는 우리의 뇌가 서로 교감할 수 있도록 도와준다. 나는 열정, 갈망, 사랑 등 우리가 체험하는 삶의 언어가 신경세포, 소화관, 심장박동의 언어와 연관되는 뭔가 복잡한 방식이 틀림없이 존재할 거라고 생각했다."

"모든 학문 분야란 인간의 삶을 특정 방향으로 이해하는 일련의 도구, 즉 어휘를 만들어내는 것이라는 관점을 갖게 되었다. 위대한 문학 작품은 고유한 도구를 독자에게 쥐어주며 그 어휘를 사용하도록 이끈다."

"'생물학, 도덕, 문학, 철학이 교차하는 곳은 어디인가?'라는 질문을 내려놓을 수 없었다."

"몇몇 교수가 내게 인문학부를 영영 떠나기 전에 과학과 의학의 역사 및 철학 과정 학위를 따보는 것이 어떻겠느냐고 제안했다. 그래서 나는 케임브리지대의 과학사&철학 과정에 지원하여 합격했다."

이런 과정을 거쳐 그는 드디어 의학을 선택한다.

"책에는 나오지 않는 답을 찾고 전혀 다른 종류의 숭고함을 발견하며 고통받는 사람들과 관계를 맺고 육체의 쇠락과 죽음 앞에서도 인간의 삶을 의미 있게 만들어주는 것은 무엇인가 하는 문제를 계속 고민할 수 있는 기회였다."

"진지한 생물학적 철학을 추구할 수 있는 유일한 방법은 의학을 실천하는 것이었다. 도덕적인 명상은 도덕적인 행동에 비하면 보잘것없었다."

아툴 가완디는 자신이 의사가 되는 과정을 길게 이야기하지는 않았지만 먼 길을 돌아 긴 고민의 과정을 거쳐 의사의 길을 선택했음을 그의 발자취가 말해주고 있다. 그는 하버드 의대에 입학하기 전 스탠퍼드대와 옥스포드대에서 윤리학과 철학을 공부했다. 그는 인간의 생물학적 한계를 뒤로 밀어붙이는 의학의 힘에 매료되어 뒤늦게 의사의 길을 선택했다.

오랜 탐구와 도전을 거쳐 칼라니티와 가완디가 의사가 될 수 있었던 것은 물론 그들이 뛰어났기 때문이다. 하지만 그에 못지않게 중요한 요인이 있다. 그러한 과정을 거칠 수 있게 해준 시스템이다. 이런 경로를 밟아서, 이런 고민과 노력을 거쳐서 의사가 되는 것은 한국 사회에서는 사실상 불가능하다.

죽음 앞에서 찾은 해답

의사도 사람이다. 의사로서 소명의식이 아무리 강해도 일주일에 100시간 이상의 노동을 요구하는 수련의 과정은 그런 소명의식을 희미하게 만든다. 그래도 여전히 인간적인 고

뇌는 남는다.

레지던트 시절 칼라니티는 수술실 복도에서 동료인 마리가 울고 있는 것을 발견한다. 의사는 수술에 들어가면 먼저 작은 구멍을 뚫어 내시경 카메라로 암의 전이를 확인한다. 확인 결과 암이 광범위하게 전이되었다고 판단되면 수술을 중단하고 15분 만에 봉합한다. 반대로 수술할 정도의 상황이면 수술에 들어가 무려 9시간 동안 일을 해야 한다. 연일 계속되는 수술에 쓰러질 지경이었던 마리는 마음속으로 "너무 피곤해. 하나님 제발, 전이가 있게 해주세요"라고 기도했다. 실제로 전이가 확인되어 환자의 절개 구멍은 봉합되고 수술은 취소되었다. 마리는 수술실 밖으로 나오는 순간 깊은 괴로움과 수치심에 시달리게 되었고, 울음을 터뜨리고 만 것이다.

칼라니티에게도 그런 경우가 있었다. 아이스크림 샌드위치를 먹고 있다가 응급 환자가 들어왔다는 호출을 받는다. 칼라니티는 먹고 있던 아이스크림 샌드위치를 컴퓨터 옆에 놔두고 환자에게 달려가 응급조치를 취한다. 하지만 환자를 살릴 수 없었다. 응급실에서 나온 그에게 제일 먼저 떠오른 것은 애도의 감정이 아니라 아이스크림 샌드위치였다. 사무실로 돌아온 그가 다시 그 아이스크림 샌드위치를 얼려 먹으려는데 수치심이 몰려온다.

"가족이 사망한 환자에게 작별 인사를 건넬 때 나는 이에 낀 초콜릿 칩을 떼어내며 굉장히 맛있다고 생각했다. 의사로 지낸 짧은 시간 동안 도덕적으로 나아지기는커녕 퇴보한 건 아닌가 하는 생각이 들었다."

그랬던 칼라니티는 자신에게 죽음의 그림자가 드리우면서 진정으로 환자를 이해할 수 있게 되었다.

"의사의 책무는 무엇이 환자의 삶을 가치 있게 만드는지 파악하고 가능하다면 그것을 지켜주려 애쓰되 불가능하다면 평화로운 죽음을 허용해주는 것이다."

"의사의 의무는 죽음을 늦추거나 환자에게 예전의 삶을 돌려주는 것이 아니라 삶이 무너져버린 환자와 그 가족을 품고 그들이 다시 일어나 자신이 처한 실존적 상황을 마주보고 이해할 수 있을 때까지 돕는 것이다."

아툴 가완디는 의학의 발전이 외려 '죽은 자의 역할'이라는 개념을 사라지게 만들고 있다고 아쉬워한다. 삶의 마지막을 향해 가는 사람들은 추억을 나누고, 관계를 회복하고, 이 세상에 무엇을 남길지 결정하고, 신과 화해하고, 남겨질 사람들이 괜찮으리라는 걸 확실히 해두고 싶어 한다. 자신의 이야기를 자신이 원하는 방식으로 마치고 싶은 것이다. 그런데 현대 의학이 오히려 이런 기회를 빼앗고 있는 것은 아닌가.

"나는 의학의 힘이라는 게 무척 제한되어 있으며 앞으로도 이 사실은 변하지 않으리라는 점을 인정하지 못할 때 생기는 피해를 너무도 많이 목격해왔다."

"인간으로 산다는 것이 한계를 안고 살아가야 한다는 의미라면, 그런 인간을 돌보는 역할을 하는 직업이나 기관에 종사하는 사람들은 인간이 그 한계에 직면하고 분투하는 과정을 도와야 한다. 어떤 때는 병을 고쳐줄 수도 있고, 어떤 때는 연고를 처방해주는 데 그칠 수도 있고, 어떤 때는 그나마 아무것도 하지 못할 수도 있다. 우리가 제공해줄 수 있는 것이 무엇이든 의료진이 개입해 환자로 하여금 희생과 위험을 감수하도록 하는 일은 더 큰 삶의 목적을 위한 것일 때만 정당화될 수 있다."

칼라니티와 가완디의 말은 한 인간이자 의사로서 그들이 끝까지 지키고자 했던 원칙, 즉 삶을 삶답게 만들어주는 의미가 무엇인지를 가늠케 해준다.

3

씨앗의 기다림이 숲을 만든다

우리는 모두 '별'에서 왔다

너비 50cm, 높이 5cm. 남과 북을 가르는 경계선의 물리적 실체다. 군사분계선이라는 무시무시한 이름이 붙은 이 경계선이 사실은 얼마나 작고 낮은 선인지 우리는 2018년 4월 27일, 문재인 대통령과 김정은 국무위원장이 손을 잡고 그 경계선을 넘나드는 모습을 보고 새삼 깨달았다.

나는 TV 화면으로 그 모습을 보면서 엉뚱하게도 미국 우주왕복선 보이저 1호가 우주 속에서 지구를 찍은 사진을 떠올렸다. '창백한 푸른 점(The Pale Blue Dot)'이라는 제목이 붙은 바로 그 사진 말이다. 천문학자 칼 세이건은 사진을 본 느낌을 이렇게 적었다.

"이렇게 멀리 떨어져서 보면 지구는 특별해 보이지 않습니다. 하지만 우리 인류에게는 다릅니다. 저 점을 다시 생각해보십시오. 저 점이 우리가 있는 이곳입니다. 저곳이 우리 집이자 우리 자신입니다. 여러

분이 사랑하는, 당신이 아는, 당신이 들어본, 그리고 세상에 존재했던 모든 사람들이 바로 저 작은 점 위에서 일생을 살았습니다. 우리의 모든 기쁨과 고통이 저 점 위에서 존재했고, 인류의 역사 속에 존재한 자신만만했던 수천 개의 종교와 이데올로기, 경제체제가, 수렵과 채집을 했던 모든 사람들, 모든 영웅과 비겁자들이, 문명을 일으킨 사람들과 그런 문명을 파괴한 사람들, 왕과 미천한 농부들이, 사랑에 빠진 젊은 남녀들, 엄마와 아빠들, 그리고 꿈 많던 아이들이, 발명가와 탐험가, 윤리도덕을 가르친 선생님과 부패한 정치인들이, '슈퍼스타'나 '위대한 영도자'로 불리던 사람들이, 성자나 죄인들이 모두 바로 태양빛에 걸려 있는 저 먼지 같은 작은 점 위에서 살았습니다."

보이저 1호가 찍어서 보내준 사진 속의 창백한 푸른 점은 인류에게 큰 충격을 주었다. 여기 이것, 이 연약하고 섬세하고 작디 작은 점이 바로 70억 인구의 희로애락의 파노라마가 펼쳐지는 무대라는 사실이 믿기지 않았다.

우주에서 보면 지구도 하나의 점일 뿐인데 우리를 갈라놓은 저 분단의 벽은 도대체 뭐란 말인가. 서로를 적대국으로 만든 생각의 간극이 공존이 불가능할 정도의 차이이겠는가.

작은 존재의 소중함

지구는 우주의 중심이 아니다. 태양의 중심을 도는 9개의 행성 중 하나일 뿐이다. 태양계 역시 은하의 외곽에 놓여 있는 하나의 지점에 불과하다. 은하에는 약 4,000억 개의 별이 있고, 우주에는 그런 은하가 1,000억 개쯤 있다.

"우리 세상이 그토록 작다는 것을 깨달으면 우리가 우주의 중심이라는 생각은 확실하게 반증됩니다. 하물며 우주가 존재하는 이유가 우리 때문이라는 생각은 더 말할 것도 없습니다."

우주와 그 너머를 관찰해온 칼 세이건이 우리에게 들려주는 이야기 《칼 세이건의 말》에서 한 말이다. 우리는 얼마나 작은 존재인가.

우리가 작은 존재라는 자각, 우주의 중심이 아니라는 깨달음은 우리를 숙연하게 하고 겸손하게 한다. 그러나 인간과 지구의 가치는 그대로다. 존재의 작음이 가치의 낮음을 의미하지 않는다. 작고 연약한 만큼 더 소중히 아껴야 한다는 것이 세이건이 다다른 결론이다.

"우리를 뒷받침하는 환경은 아주 취약합니다. 우리가 숨 쉬는 대기의 두께는 지구의 크기와 비교하자면 지구본 겉에 발라진 유약의 두께 정도밖에 안 됩니다."

이처럼 지구의 생명을 보호하는 환경이 취약하기 때문에 우리 인류가 돌보지 않으면 파괴될 가능성이 크다. 환경의 역습에 무사할 생명은 없다. 그런 면에서 인류는 분명 스스로에게 위험한 존재다. 천문학을 공부한 칼 세이건이 환경운동과 반핵운동에 헌신한 이유도 여기에 있다.

세이건이 온실가스의 위험성, 오존층 파괴의 위험을 깨달은 것은 금성과 화성 관찰을 통해서다.

"금성은 이산화탄소로 인한 온실효과가 끔찍한 세상이라 표면 온도가 약 470도까지 올라갑니다. 우리는 대대적인 이산화탄소 온실효과가 그런 결과를 낳을 수 있다는 사실을 꼭 알아야 합니다."

"화성에는 오존이 없습니다. 그래서 태양이 작열하는 자외선이 아무런 방해를 받지 않은 채 곧장 표면을 때리므로 설령 그곳에 유기 분자가 있더라도 금세 튀겨지고 말 것입니다."

이처럼 전 인류적인 문제 앞에 인간이 자의적으로 그어놓은 국경선 따위는 별 의미가 없다. 대한민국의 푸른 하늘을 앗아간 황사, 이제는 삶의 질 문제와 직결되어버린 미세먼지 문제에서 우리는 국경선이 무의미하다는 사실을 절감한다. 국경선 안에서는 해법을 찾아도 소용이 없다.

인류가 우주로 나가는 이유도 여기에 있다. 다른 무엇이 가능한지를 알아야, 멀리서 우리를 바로 볼 수 있어야 자신을 더 잘 이해할 수 있기 때문이다. 또 지구를 정치적 국경 따위 없이 하나로 통일된 행성으로 바라볼 수 있게 인식의 지평을 넓혀주기 때문이다. 여기서 인류가 안고 있는 문제의 해법을 찾을 수 있다.

넓어진 인식의 지평 위에서 칼 세이건은 논쟁적인 문제에 대담한 입장을 취해왔다. 우주 탐사를 국가적인 차원이 아니라 다국적 협력사업으로 진행해야 한다고 주장했고, 미국이 핵실험을 계속하는 것에 반대하는 시위에 참가했다가 체포되기도 했다.

재앙을 피하는 법

세이건은 과학기술을 이해하는 능력을 모든

사람들이 갖추어야 한다고 생각했다. 그가 대중적인 과학 저술을 남기고, TV다큐멘터리 제작에 참여하고, 영화 각본을 쓴 이유도 대중들의 과학 이해력을 높이기 위해서였다. 그는 한 인터뷰에서 이렇게 말했다.

"우리는 과학기술에 절대적으로 의존하는 사회에 살고 있습니다. 그러면서도 거의 아무도 과학기술을 이해하지 못하도록 만드는 사회를 교묘하게 구축해두었습니다. 이것은 재앙으로 가는 확실한 처방입니다."

대중적인 과학자로서 그가 가장 중시하는 태도는 '경이감'이다. 사람들을 과학기술의 세계로 이끄는 힘이 경이감에 있다고 믿기 때문이다. 세이건이 과학에 관심을 가지게 된 것도 경이감에서 비롯되었다. 다섯 살 때 뉴욕만국박람회에 가서 우주 전시를 보고는 큰 감명을 받고 밤하늘의 별을 좋아하기 시작했다. 별을 더 알고 싶어서 어머니에게 설명해달라고 했을 때 어머니는 설명 대신 도서관 회원증을 만들어주면서 직접 조사해보라고 권했다.

"그때 도서관에서 그 책을 읽던 순간, 우주의 방대한 규모가 제 눈앞에 펼쳐졌습니다. 거기에는 뭔가 아름다운 것이 있었습니다."

"모든 아이는 타고난 과학자"라고 말하는 세이건은 아이들이 품고 있는 능력을 계속 키워나가게 하려면 어떻게 해야 하는지에 대해 이렇게 조언한다.

"제일 중요한 건 자신이 답을 모르는 질문을 아이가 던질 때 겁먹지 않는 겁니다. 질문에 대한 답을 모르겠다고 고백해도 정말 괜찮습니다. 설령 질문자가 여섯 살짜리라도요. 최악은 아이를 비웃는 겁니다.

그러면 아이는 어른들을 성나게 하는 질문이란 게 있다고 믿게 되고, 그런 경험을 몇 차례 하고 나서는 더 이상 질문을 던지지 않게 됩니다. 우리는 과학을 편하게 여기게 되었을지도 모르는 사람을 한 명 잃은 겁니다. 이 과정은 자기 증식적입니다. 과학을 모르고 두려워하는 세대가 역시 과학을 모르고 두려워하는 세대를 낳습니다. 그러니까 만약 답을 모르겠다면 '같이 찾아보자'고 말하면 됩니다. 백과사전이 없다면 도서관에 가면 됩니다. 그것도 싫다면 최소한 이렇게 말하면 됩니다. '그 질문에 대한 답은 아무도 모를지 몰라. 어쩌면 네가 커서 그 답을 처음 알아내는 사람이 될지도 몰라.' 그런 게 격려입니다."

평생 별을 연구한 세이건은 우리 모두가 별 같은 존재라고 말한다.

"우리 몸을 이루는 물질은 원래 별의 중심에서 만들어졌습니다. 우리는 별의 물질로 이뤄진 존재들입니다."

별은 스스로 빛을 내는 동시에 다른 별을 비추어준다. 별들은 그렇게 연결되어 서로를 빛나는 존재로 만들어준다. 우리도 그럴 수 있을까?

'위대한' 씨앗의 속삭임

원두를 갈아 커피를 내리고, 사과 한 알을 여섯 조각으로 나누고, 토스트 두 조각에 구운 아몬드 한 움큼을 접시에 담는다. 주말 아침이면 직접 차려내는 소박한 아침식사다.

금성과 지구와 화성처럼 정렬된 접시들에 담긴 것은 모두 식물의 씨앗들이다. 스스로 생명을 보존하는 것이 목적인 식물의 씨앗들이 인간의 생명을 지탱시켜주고 있는 것이다. 대체 식물들은 누구를 위해 이것들을 만들어냈을까? 커피콩은 무엇을 위해 몸속에 그 진한 향기를 품었고, 사과의 달콤함은 누구를 위한 맛인가? 밀가루의 부드러운 식감과 아몬드의 고소함의 비결은 또 무엇인가?

문명의 원동력

세계 곳곳의 숲을 찾아다니며 연구하는 보존생물학자인 소어 핸슨은 씨앗이 어떻게 진화해왔고, 그 진화가 인류 문명에 어떻게 영향을 미쳤는지를 분석했다. 그의 책 《씨앗의 승리》는 생존을 위한 씨앗들의 분투기다. 그 속에 맛과 향기의 비밀이 숨어 있다. 마치 찰스 다윈의 《종의 기원》과 제러드 다이아몬드의 《총, 균, 쇠》의 '식물편'을 한데 버무려놓은 듯하다.

식물이 씨앗을 통해 이루려는 가장 큰 목표는 자손의 번성이다. 씨앗의 모양과 크기, 맛과 향기 등은 모두 이 목표에 최적화되기 위해 진화해왔다. 민들레씨나 목화씨처럼 바람에 최대한 멀리까지 날아갈 수 있는 구조를 갖추기도 하고, 봉숭아씨나 참깨처럼 껍질이 톡하고 터지는 탄력으로 날아가기도 하고, 도꼬마리나 도깨비바늘처럼 동물의 털에 붙어 이동하는 히치하이크형 씨앗들도 있다.

씨앗은 또 발아를 위해 스스로 영양분을 저장하는데 이 영양분이 인류 문명의 젖줄이 되었다. 식물의 씨앗이 작물화되면서 비로서 농경이 시작되었고, 정주생활과 함께 문명이 발전하게 되었다.

제러드 다이아몬드는 유럽과 아시아 등 구대륙의 문명이 아메리카나 호주 등 신대륙 문명보다 더 발전할 수 있었던 이유를 작물화할 수 있었던 식물 씨앗의 차이에서 찾기도 했다. 다시 말해서 여러 사람을 먹여 살릴 수 있는 쌀과 밀과 보리가 유럽과 아시아에는 있었고 신대륙에는 없었다는 것이다.

작물화된 식물의 씨앗은 모두 한해살이풀이라는 공통점이 있다.

"오직 한철의 성장 시기 동안 생존하고 번식하는 이들 한해살이풀은 오래 지속되는 줄기와 잎에 투자할 필요가 없었던 반면 다량의 커다란 씨앗을 생산해야 하는 확실한 이유가 있었기 때문에 매력적인 이점을 가진 경작 품목으로 자리 잡았다."

세계에서 가장 무거운 씨앗을 만드는 한해살이풀 56가지 중 무려 32가지가 비옥한 초승달 지대와 지중해 지역에서 자랐는데, 인류의 초기 문명이 여기에서 시작된 것도 이와 관련이 있다. 한해살이풀에서 얻게 된 곡물은 이후 경제와 정치, 전쟁, 일상생활의 중심 문제가 되었다. 따지고 보면 대부분의 제도는 이 곡물을 누가 생산하고, 어떻게 분배하느냐는 문제를 해결하기 위해 생겨난 것들이다.

또 작물화된 식물들은 '자연선택'이 아닌 '인간의 선택'으로 진화했다. 예를 들어 밀과 보리는 자연 상태에서는 씨앗이 쉽게 떨어져나가는 종이 성공적인 종이었는데, 인간에 의해 잘 떨어지지 않는 종이 선택되면서 성공적인 종으로 자리 잡았다. 또 비트(beet)라는 명아줏과식물은 인간의 선택에 의해 그 잎은 양배추와 케일로, 줄기는 콜라비로, 꽃봉오리는 브로콜리로 다양하게 진화했다.

유혹하는 과일

《구약성서》에 따르면 아담과 이브는 선악과(사과)를 먹고 낙원에서 추방된다. 여기서 사과는 '유혹'의 은유이지만, 사실 유혹은 모든 과일의 본질이다. 과일이 달콤한 맛을 내는 것은 동물들을 이용해 번성하기 위해서다. 말하자면 과일의 맛은 씨앗들이 동물을 유혹하기 위한 화장술이자 미끼인 셈이다. 코끼리는 수박을 깨 먹고 난 뒤 그 씨를 배설하는 방식으로 수박의 번성을 돕고, 곰은 블루베리를 따먹고 여기저기 똥을 싸고 다니면서 밥값을 대신한다.

과일의 맛과 향기와 색깔은 씨앗의 확산자를 가장 쉽게 유혹하는 방향으로 진화했다. 수박의 조상인 칼라하리사막의 차마멜론(tsamma melon)은 사막의 동물들이 가장 갈구하는 욕망인 갈증을 만족시키는 맛으로 진화해 수박, 멜론 등 수많은 여름 과일을 만들어냈다. 새들은 빨간색이나 검은색을 가장 잘 구별하기 때문에 라즈베리와 블랙베리 등은 검붉은 색을 띄게 되었고, 코끼리 등은 색맹이기 때문에 마룰라 나무 열매는 강한 향기로 코끼리를 유인한다.

씨앗이 확산을 위해 이렇게 맛있는 과육을 준비하지만 아직 발아가 되지 않은 상태에서 동물들에게 먹혀버리면 자손을 번성시킬 수 없다. 그래서 준비가 되기 전까지는 맛과 향기가 없어야 할 뿐 아니라 먹을 수 없도록 독성을 지녀야 한다. 익기 전 모든 과일들이 역한 맛을 내는 이유도 사실은 씨앗들이 스스로를 보호하기 위한 장치인 셈이다.

또 씨앗은 과육과 함께 동물의 소화기관으로 들어가 분해되어버리면 역시 번성이라는 목적을 달성할 수 없게 된다. 따라서 모든 씨앗은 소화기관에서 뿜어내는 각종 소화액을 견딜 수 있도록 표면이 특수처리되어 있다. 이뿐만 아니라 소화액으로 화학적 변화를 일으켜 발아를 촉진시키기도 한다.

커피와 각종 향신료의 향기, 고추의 매운맛은 씨앗들이 스스로를 보호하기 위해 개발한 생화학 무기들이다. 커피 속에 들어 있는 카페인은 천연 살충제다. 커피나무의 싹이 나면 그 어린 싹은 곤충이나 달팽이를 쫓아내기 위해 카페인을 생산하기 시작한다. 잎이 자라 강해지면 커피나무는 카페인을 줄기로 이동시키고 이 카페인은 다시 꽃을 거쳐 열매 속에 저장된다. 즉, 커피나무는 성장 단계에 따라 보존해야 할 가치가 높은 쪽으로 카페인을 옮겨 저장하는 것이다.

매운맛을 내는 고추 속 캡사이신은 각종 균류를 격퇴하기 위한 화학물질이다. 고추씨가 땅에 떨어져 발아하기 전까지 각종 세균의 공격을 버텨내야 하는데, 이를 위해 씨방인 고추를 캡사이신으로 무장시키는 것이다. 보통 강우량이 많은 지역에서 생산되는 고추는 맵고, 건조한 지역에서 생산되는 고추는 덜 매운 경향이 있다. 균류가 번성하는 지역에서는 캡사이신이 많이 만들어지는데, 보통 습기가 많은 지역에 균류가 많기 때문이다.

고추가 한반도에 전해진 것은 임진왜란 이후다. 그 후 비로소 매운 김치가 만들어지기 시작했다. 옛 사람들이 캡사이신이 균류를 격퇴시키는 물질이라는 과학적 사실을 알았을 리 없지만, 발효 과정에서 만들어지는 균류와 캡사이신의 화학적 결합이 깊은 맛을 내게 된다는 것을 경험을 통해 배운 듯하다. 아무튼 우리가 식탁에서 맛보는 그 달콤함과 향기와 즐거움은 씨앗의 본능이 인간에게 주는 선물이다.

씨앗이 가르쳐준 생존의 지혜

손톱만 한 도토리는 하늘을 향해 뻗어나갈 참나무의 가능성을 품고 있다. 하늘 가득 바람에 날리는 씨앗들은 울창한 숲과 푸른 초원의 가능성을 품고 있다. 씨앗의 진화와 이동, 침묵과 인내, 발아와 성장에는 그런 가능성을 현실화하는 지혜가 담겨 있다.

"상업에서도 그렇듯이 자연선택에서도 좋은 제품은 보상을 얻는다는 점이다. 최적의 적응 방식은 시간이 흐름에 따라 더욱 많은 공간으로 퍼져나가고, 그 결과 리처드 도킨스가 적절하게 '지상 최대의 쇼'라고 부른 과정에서 더욱더 새로운 혁신을 이루게 된다."

고난을 견딜 수 있는 에너지를 비축하라

미국의 식물학자인 캐럴 배스킨은 "씨앗은 어린 식물체가 도시락과 함께 상자 안에 들어 있는 것"이라고 말한다. 즉, 씨앗은 싹이 나서 스스로 에너지를 생산할 수 있을 때까지 필요한 영양분을 함께 가지고 있는 것이다.

식물마다 씨앗 속에 비축하는 영양분의 종류와 비율도 다르다. 자기가 자라는 지역의 강우량이나 토양의 비옥도, 그 밖의 여러 성장 조건에 따라 그 비율을 달리하는 것이다. 밀과 보리는 탄수화물 형태로, 콩과 견과류는 단백질과 기름의 형태로 에너지를 보관하는 식이다. 이렇게 축적된 에너지는 하나의 식물로 자라날 수 있는 씨앗의 밑천, 그야말로 시드머니(seed money)가 되는 셈이다.

위기를 피하고 기회를 기다려라

씨앗들에는 휴면기라는 것이 있고 그 휴면의 깊이는 씨앗들마다 다르다.

"어미식물은 씨앗에 영양분을 마련하고 씨앗을 멀리 퍼뜨리기 위해 여러 투자를 하지만 씨앗이 제철도 아닌 때 싹을 틔워서 갈증이나 추위, 열기, 그늘 때문에 바로 죽어버린다면 이 모든 투자는 아무 의미가 없다. 진화상의 이런 높은 위험성들은 휴면 상태의 씨앗이 깨어나는데 필요한 매우 구체적 단서로 연결된다."

환경의 위험성이 씨앗의 선택을 도와주는 실마리가 된다는 것이다.

기회를 찾아 휴면 상태에서 깨어나는 방식도 식물과 성장 조건에 따라 다르다.

"휴면 상태를 통해 씨앗은 날씨, 햇빛, 토양 조건, 그 밖의 환경을 구성하는 다른 요인과 상호작용할 수 있는 정교한 방법을 터득한다. 온대지방에서 가장 일반적인 전술은 온도를 이용하는 것인데, 이 전술에서는 씨앗이 봄에 싹을 틔울 준비를 갖추기 전에 겨울의 한기를 거쳐야 하고 이어 날씨가 풀리는 기간도 반드시 거쳐야 한다. 이 전략에서는 종종 일조 요구량을 함께 이용하기도 하는데 이 일조 요구량은 놀라울 만큼 정확하게 특정되어 있다. 어떤 야생 겨자는 깊이 180cm나 되는 눈밭 속에서도 햇빛의 각도와 길이 변화에 반응하고, 많은 숲 식물 종은 그늘 없이 환한 햇빛과 잎을 통과하여 내려오는 적외선 파장의 차이를 인식한다."

1940년 독일군의 폭탄이 대영박물관 식물전시관에 떨어졌다. 소방

관들이 화재를 진압하는데 가만히 보니 몇몇 씨앗 표본에 싹이 나 있었다. 그중에는 1793년 중국에서 가져온 자귀나무 씨앗도 있었다. 150년 이상 잠들어 있던 씨앗이 화재 진압을 위해 뿌린 물에 반응한 것이다.

씨앗은 그 안에 '우량계'까지 지니고 있다. 이를 통해 지금 내리는 비가 한번 스쳐가는 소나기인지 아니면 충분한 수분을 공급해줄 수 있는 비인지를 구분해주기까지 한다.

함께 성장하라

씨앗과 이를 먹는 동물은 서로 영향을 주며 발전한다. 이를 '공진화(共進化, coevolution)'라고 한다. 일례로 도토리나 밤의 크기 · 두께와 다람쥐의 이빨은 서로 영향을 주면서 진화했다.

"이빨이 강해지면 씨껍질이 단단해졌고 씨껍질 표면이 단단해지면 다시 이빨이 강해지면서 오래된 저 씨앗들은 오늘날 우리가 익히 아는 도토리와 두꺼운 껍질의 견과류로 바뀌어갔다. 나무의 입장에서 볼 때 설치류는 진화적 딜레마를 제기한다. 씨앗을 널리 퍼뜨릴 수 있는 가능성이 있는 반면 씨앗을 완전히 잃어버릴 가능성도 존재했다. 설치류의 입장에서는 씨앗에 든 영양분을 꺼낼 수 있게 되면서 결과적으로 진화상의 금광을 발견한 셈이었다. 그리하여 지구상에서 가장 수가 많고 다양한 집단으로 빠르게 부상했다."

다람쥐와 도토리는 창과 방패의 대결을 벌였는데, 방패인 도토리의 딜레마는 창에게 적당하게 뚫려야 한다는 것이다. '적당함'의 정도가 핵심이다. 즉, 도토리는 다람쥐가 먹을 수 있을 만큼 껍질이 부드러워야 하지만 한꺼번에 다 먹어치울 수 없을 만큼 딱딱해야 한다.

도전을 멈추지 마라

씨앗은 번성에 최적화되기 위해 진화해왔지만, 사실 개별 씨앗의 발아 비율은 그다지 높지 않다. 하늘을 나는 민들레 홀씨가 모두 민들레로 피어나는 것은 아니다. 민들레는 사실 실패의 가능성까지 염두에 두고 그 많은 홀씨를 날리는 것이다.

곰 한 마리가 하루에 1만 6,000개의 블루베리를 먹어치운다. 블루베리 하나에는 보통 33개의 씨앗이 들어 있으니 곰의 똥에 섞여 나오는 블루베리씨는 50만 개 이상이다. 하지만 이 모든 씨앗이 싹을 틔우는 것은 아니다. 씨앗은 식물이 꾸는 꿈이다. 식물이 숲을 이루고 초원을 이루는 비결은 꿈을 끊임없이 꾸기 때문이다.

헨리 데이비드 소로는 《씨앗의 희망》에서 이렇게 말했다.

"나는 한 알의 씨앗에 큰 믿음을 갖고 있다. 당신에게 씨앗이 있다고 믿게 되면 나는 놀라운 일이 벌어질 것이라고 마음의 준비를 한다."

모든 씨앗은 '숲의 가능성'을 품고 있다.

알고리즘이 위험하다

세상은 늘 '가진 자'와 '못 가진 자'로 나뉘어왔다. 가진 자와 못 가진 자를 나누는 기준이 시대마다 달랐을 뿐 가진 자가 못 가진 자를 지배한다는 사실에는 변함이 없었다. 그것은 육체적인 힘일 수도 있고, 지혜일 수도 있고, 무기나 땅, 돈일 수도 있었다.

미래에는 그 기준이 '알고리즘'이 될 것이다. 인공지능 시대에는 알고리즘을 만들 수 있는 자와 그렇지 못한 자로 나뉘어 한쪽은 지배하고 다른 한쪽은 그 지배를 받게 될 것이다. 인공지능을 움직이는 알고리즘 역시 인간이 설계할 수밖에 없으니까.

《인공지능의 시대, 인간을 다시 묻다》를 집필한 김재인 박사는 "인공지능에 관한 과장된 공포는 불필요하다"며 "인공지능이 작동하는 알고리즘은 결국 인간이 설계하고 수정해야 하기 때문"이라고 그 이유를 설명한다. 결국 인공지능의 시대에도 세상을 지배하는 자는 인공지능 그 자체가 아니라 그 운영체계를 설계하는 인간이라는 이야기다.

'독'이 된 수학

미국의 수학자이자 데이터 전문가인 캐시 오닐은 《대량살상 수학무기》에서 이 세상을 지배하는 알고리즘이 공정하지도 못할 뿐 아니라 불평등을 확대하고 나아가 우리의 민주주의까지 위협하고 있다고 경고한다. 흥미로운 책 제목부터 그렇다. 이 책의 원제는 'WMD(Weapons of Math Destruction)'이다. 대량살상무기를 뜻하는 WMD(Weapons of Mass Destruction)를 살짝 비튼 것이다. 빅데이터와 알고리즘이 불평등을 확대하는 기제로 활용되는데, 빅데이터와 알고리즘의 바탕이 수학이기 때문에 수학이 대량살상무기처럼 위험한 것이라는 경고가 제목에 담겨 있다.

오닐은 수학 천재다. 하버드대 수학과에서 박사학위를 받았고 버나드칼리지 수학과 종신교수가 되기도 했다. 학문의 세계에만 머물던 오닐은 2007년, 미국에서 '헤지펀드의 하버드'로 불리는 디이 쇼(D. E. Shaw)에서 퀀트(Quant, 분석가) 일을 시작하며 현실 세계에 발을 내디뎠다. 오닐은 ".나의 수학은 추상적 이론에서 실질적인 학문으로 바뀌었다"며 자신의 변신을 설명했다.

수학 천재는 금융 세계에 발은 디딘 지 1년 만에 글로벌 금융위기라는 재앙을 맞는다. 이 속에서 오닐은 큰 충격에 휩싸인다. 수학이 금융 세계의 안정을 지켜줄 것이라는 믿음이 있었는데 오히려 위험을 확대하고 있다는 사실을 목격한 것이다.

"금융 세상의 붕괴는 한때 나의 질서정연한 도피처였던 수학이 세상사에 깊이 얽혀 있을 뿐만 아니라 많은 문제를 부채질하고 있음을 분명하게 드러낸다. 주택시장의 붕괴, 주요 금융기관들의 파산, 실업률의 급등. 이 모든 문제가 마법의 공식을 휘두르던 수학자들의 원조와 사주로 발생한 재앙이었다. 내가 그토록 사랑했던 수학의 놀라운 능력들은 금융 기술과 결탁해 혼란과 불행을 가중시키는 독이 되었다."

이후 오닐은 인텐트 미디어에서 빅데이터 알고리즘을 설계하는 일을 하는데 이를 통해서 알고리즘이 인간의 편견, 오해, 편향성을 코드화하고 이 코드들이 점점 우리의 삶을 지배하고 있다는 사실을 깨닫는다. 그 깨달음을 바탕으로 알고리즘이 내재된 위험을 경고하기 시작했다.

요즘 고등학생들의 생활은 대학이 요구하는 스펙을 갖추기 위한 준비 과정이고 취업준비생들이 쓰는 자기소개서도 기업의 서류전형 검증 알고리즘에 최적화되어 있다. 그뿐인가. 우리의 사회적 신분마저 알고리즘이 결정한다. 결혼정보회사나 보험회사, 신용정보회사의 알고리즘 분류에 따라 우리의 사회적 등급이 결정된다.

미국에 크레디트 스코어 데이팅(CreditScoreDating)이라는 회사가 있다. 온라인으로 데이트 상대를 찾아주는 서비스를 제공하는 기업인데, 이름 그대로 남녀의 신용평가점수를 토대로 맺어준다. 이 회사의 광고 카피는 "신용평가 점수가 좋은 사람이 섹시하다"이다.

기계에 아부하는 인간

우리는 알고리즘이 인간보다 공정하다고 생각한다. 입사시험에서 면접에 떨어졌다면 "면접관이 어느 대학 출신이라서 그렇다"느니 "그 회사가 백(back) 있는 놈들만 뽑았다"느니 공정성에 불만을 털어놓기도 하지만, 서류전형에서 떨어졌을 때에는 아무런 시비도 걸지 못한다. 서류로 당락을 결정하는 알고리즘 자체는 편견이 없고 공정하다고 믿기 때문이다. 그런데 과연 그럴까?

현재 미국 기업들은 대부분 이력서를 걸러내는 데 자동심사시스템이라는 알고리즘을 활용한다. 이력서의 72%가 이 알고리즘으로 걸러지기 때문에 인간의 눈으로 심사받을 기회조차 없다.

미국 시카고대와 MIT 공동연구진은 1,300여 개 회사에 5,000장의 가짜 이력서를 보내는 실험을 했다. 이력서의 절반은 에밀리 월시(Emily Walsh)나 브렌든 베이커(Brendan Baker) 같은 전형적인 백인 이름을, 나머지 절반은 라키샤 워싱턴(Lakisha Washington)이나 자말 존스(Jamal Johns) 같은 전형적인 흑인 이름을 사용했다. 결과는? 백인 이름을 사용했을 때 이력서에 대한 반응률이 50%나 더 높았다.

이런 편향성은 대학 입학에서도 그대로 나타난다. 영국 세인트조지의과대학의 사례가 이를 잘 보여준다. 세인트조지의대는 입학사정에 자동시스템을 도입했다. 빠르게 처리하기 위한 목적이 있었고, 외부 청탁을 피하기 위한 목적도 있었다. 즉, 효율성과 공정성을 위해 자동분류 알고리즘을 활용한 것이다. 이 알고리즘은 수십 년간 쌓인 입학 정보가 바탕이 되었다. 축적된 입학 정보에 따르면 과거에 영어 사용이 미숙하다는 이유로 탈락한 지원자가 많았다. 그런데 세인트조지 의대는 이를 지역으로 코드화했다. 이에 따라 특정 주소지, 출생지의 지원자에게는 자동적으로 낮은 점수가 부여되었고 결과적으로 아프리카, 파키스탄 이민자들은 면접 기회조차 얻지 못하게 되었다.

"인간에게서 지원자를 차별하는 법을 배운 컴퓨터는 인간들보다 한 술 더 떠서 기가 막힐 만큼 효율적으로 차별적인 심사를 했다."

캐시 오닐의 말이다. 우리나라에서도 지방의 고등학교, 일반고 출신 학생들은 명문 대학에 진학하는 것이 아주 어렵다고 한다. 이 역시 알고리즘의 영향일 가능성이 높다. 2가지 측면에서 그렇다. 우선 지방고, 일반고 학생들은 보편적으로 수시의 알고리즘이 요구하는 여러 스펙을 준비하기 위한 재정적·환경적 조건이 서울 강남권 학생이나 특목고·자사고 학생보다 나쁘다. 또 그동안 축적된 빅데이터 역시 편향성을 강요하는 측면이 있다. 우리는 어쩌면 이미 알고리즘에 아부하는 존재로 전락해버렸는지도 모른다.

"오늘날 사회에서 승자가 되려면 기계 문지기를 통과해야 한다. 기계 문지기들의 불평등한 평가는 취업시장을 넘어 다양한 영역으로 확대되고 있다. 기계를 설득하는 능력은 우리의 생계활동에 갈수록 깊은 영향을 미치고 있다. 이에 대한 가장 명백한 증거는 구글에서 찾아볼 수 있다. 민박이든 자동차정비소든 사업의 성공은 검색엔진의 검색 결과에서 얼마나 앞쪽에 등장하는가에 달려 있다. 구직활동이든 승진이든, 혹은 정리해고의 칼바람에서 살아남는 것이든 오늘날 사람들은 비슷한 도전에 직면해 있다. 승리의 비결은 기계들이 무엇을 원하는지 알아내는 것이다. 그러나 공정하고 과학적이며 민주적이라고 칭송받는 오늘날의 디지털 세상에서도 내부자들은 여전히 중대한 우위를 차지하는 비결을 알아낸다."

알고리즘을 넘어 도덕적 상상력으로

알고리즘이 편향성을 확대하는 것은 알고리즘 안에서 악순환이 이루어지기 때문이다. 범죄 예측 프로그램이 대표적인 예다.

필라델피아 서쪽의 레딩이라는 작은 도시의 경찰 당국은 프레드폴(PredPol)이라는 범죄예측 소프트웨어를 사용한다. 범죄가 더 빈번하게 일어나는 지역을 예측해 경찰력을 효율적으로 배치하기 위한 프로그램이다. 프레드폴에 입력되는 핵심 데이터는 각 범죄의 유형과 발생 장소 그리고 발생 시점이다. 예를 들어 이런 식이다. 기존 우범지대에 더 많은 경찰력이 배치된다. 주로 흑인이나 히스패닉이 사는 지역일 가능성이 높다. 그런데 더 많은 경찰력은 더 많은 범죄를 유발시킨다. 우범지대로 분류된 동네에서는 순찰시간이 길어질 수밖에 없고 아무리 작은 범죄라도 눈앞에서 벌어지면 경찰이 모른 척할 수 없기 때문이다. 순찰을 돌다가 기껏해야 16세로 보이는 미성년자 둘이 술을 마시는 장면을 목격하면 경찰은 이를 적발하게 되고, 이런 경범죄는 다시 프레드폴에 데이터로 입력되어 또 더 많은 경찰력 배치를 유발한다. 오닐의 설명을 들어보자.

"이는 바로 유해한 피드백 루프가 활성화되는 전형적인 과정이다. 경찰 활동 자체가 새로운 데이터를 생성시키고, 이런 데이터가 다시 더 많은 경찰 활동을 정당화해준다. 그리고 교도소는 피해자가 없는 범죄(victimless crimes)를 저지른 수많은 범죄자들로 넘쳐나게 된다. 이런 범죄자들은 대부분 가난한 동네 출신이고, 또 대부분 흑인이거나 히스패닉계다."

문제는 이뿐만이 아니다. 공권력에 구멍이 생긴다. 경찰력도 유한한 자원인 만큼 경찰력이 가난한 동네에 집중되면 헐거워지는 구역이 있기 마련이다.

"프레드폴이 예측한 범죄 다발 구역에서 아주 멀리 떨어진 곳에서 일어나는 범죄들은, 다른 말로 부자들이 저지르는 범죄들은 어떨까? 내가 하고 싶은 말은 경찰은 어디에 관심을 기울일지 선택할 수 있다는 것이다. 오늘날 경찰들은 거의 오롯이 가난한 사람들에게 초점을 맞추고 있다. 그들이 아는 한, 그것이 경찰의 유산이요 사명이다. 여기에 오늘날에는 데이터 과학자라는 응원군까지 더해져 이런 분위기에 힘을 보탠다. 데이터 과학자들은 경찰의 편향된 선택을 프레드폴처럼 사람들의 삶에 미치는 영향력이 갈수록 커지는 모형들에 그대로 주입했다. 이 모든 것이 결합되어 우리는 이제 우리의 도구가 과학적일 뿐만 아니라 공정하다는 믿음을 고수하면서 빈곤을 범죄로 취급하게 되었다."

그렇다면 대량살상 수학무기인 알고리즘의 폐해를 막아내는 길은 없을까? 오닐은 "오직 인간만이 시스템에 공정성을 주입할 수 있다"고 주장한다.

"데이터 처리 과정은 과거를 코드화할 뿐 미래를 창조하지 않는다. 미래를 창조하려면 도덕적 상상력이 필요하다. 그런 능력은 오직 인간만이 가지고 있다. 우리는 더 나은 가치를 알고리즘에 명백히 포함시키고, 우리의 윤리적 지표를 따르는 빅데이터 모형을 창조해야 한다. 그렇게 하려면 가끔은 이익보다 공정성을 우선시해야 한다."

오닐은 비만도를 측정하는 체질량지수(BMI, Body Mass Index)가 "사실상 과학인 척하는 엉터리 수학"이라고 일갈하기도 했다. 이 말에 나는 큰 위안을 얻었다. 지난 건강검진에서 BMI가 나를 '비만'으로 분류했는데, 어쩌면 내가 비만인이 아닐 수도 있기 때문이다. 어쨌건 중요한 건 알고리즘이 아니라 공정성이다.

식물이 위로한다

미국의 식물학자인 호프 자런은 “20년을 실험실에서 일하는 동안 내 안에서는 두 가지 이야기가 자라났다”고 고백한다. ‘내가 써야 하는 이야기’와 ‘내가 쓰고 싶은 이야기’. 자런에게 써야 하는 이야기는 ‘식물’들의 이야기이고, 쓰고 싶은 이야기는 자신의 ‘삶’에 관한 이야기다. 그는 그 두 이야기를 접붙인 과일나무처럼 온전히 하나로 만들어 《랩 걸(Lab Girl)》을 썼다.

호프 자런의 삶은 메마른 땅에 떨어진 씨앗과도 같았다. 그럼에도 때를 기다려 싹을 틔웠고 물을 향해 뿌리를 뻗었고 빛을 향해 자랐다. 그리고 어느새 풀브라이트상을 세 번 받은 유일한 여성 과학자라는 큰 나무로 우뚝 섰다. 그에게 식물은 연구 대상이기도 하지만 삶의 비밀과 지혜를 가르쳐주는 스승이기도 했다.

자런은 삶의 고비마다 힘이 되어준 나무들의 이야기를 그의 성장 스토리의 주석으로 삼았다. 이 글은 그 주석들에 대한 해제다.

인생의 빛

호프 자런에게 '빛'은 '과학'이었다. 식물이 빛을 향해 자라듯 그의 성장은 과학을 향해 있었다. 그에게 실험실은 교회였고 도피처이자 망명처였다. 그의 믿음을 확인하는 공간이라는 의미에서 교회였고, 직업상 벌인 전투에서 돌아와서 쉬는 도피처였고, 새로운 전투를 준비하는 망명처였다.

누구에게나 그런 빛이 있다. 살아가는 목적 말이다.

"과학은 나에게 모든 것이 처음 추측하는 것보다 복잡하다는 것. 그리고 무엇을 발견하는 데서 행복을 느끼는 것이야말로 아름다운 인생을 위한 레시피라는 것을 가르쳐줬다."

과학은 자런에게 버릴 수 없는, 버리고는 살 수 없는 그런 것이었다. 빛이었다. 당신에게는 그런 빛이 있는가?

씨앗의 기다림

작은 씨앗 안에는 시계도 들어 있고 온도계도 들어 있고 측우기도 들어 있다. 때를 기다리기 위한 장치들이다. 기다리는 동안에도 씨앗은 살아 있다. 중국에서는 2,000년을 기다린 연꽃 씨앗이 발견되기도 했다. 인간의 왕조가 흥망성쇠를 거듭하는 동안에도 씨앗은 미래에 대한 희망을 버리지 않고 버텨온 것이다.

"모든 시작은 기다림의 끝이다. 우리는 모두 단 한 번의 기회를 만난다. 우리는 모두 한 사람 한 사람 불가능하면서도 필연적인 존재들이다. 모든 우거진 나무의 시작은 기다림을 포기하지 않는 씨앗이다."

때를 기다려야 한다. 기다린다는 것은 마냥 손 놓고 있는 것이 아니다. 씨앗이 껍질 속에서 생명을 유지하듯 살아 있어야 한다. 끊임없이 준비하면서 기다려야 한다. 죽은 씨앗에 봄은 아무런 의미가 없다. 당신은 무엇을 기다리고 있는가?

촐라 선인장의 혁신적 선택

촐라 선인장의 잎은 가시 형태다. 원래는 다른 나뭇잎처럼 넓적한 모양이었다. 하지만 어느 날 사막 한가운데 떨어지게 되었고 거기서 살아남기 위해 넓은 잎을 말아 뾰족하게 만들었다. 이 아이디어 때문에 선인장은 건조한 지역에서 사는 것이 가능해졌다. 가시들은 선인장의 표면을 지나가는 공기의 흐름을 줄여 증발량을 감소시키고 작은 그림자를 만들어 이슬이 맺히도록 도왔다. 일종의 혁신이다. 새로운 아이디어 하나로 식물은 새 세상을 정복할 수 있었다.

자런은 "진정한 과학자는 이미 정해진 실험을 하지 않는다"고 말한다. 이미 정해진 실험은 새로운 세상을 열지 못하기 때문이다. 당신은 어떤 새로운 실험을 하고 있는가?

햇빛을 찾아가는 덩굴들의 뻔뻔스러움

호프 자런의 삶은 덩굴이 자라는 방법과 닮았다. 그래서 그는 도종환의 '담쟁이'보다 더 시적으로 덩굴의 생태를 표현했다. 조금 길지만 소리 내어 읽어보기를 권한다.

"덩굴은 그때그때 임기응변으로 살아간다. 숲 위쪽에서 비처럼 쏟아지는 엄청난 양의 덩굴씨들은 쉽게 틔우지만 뿌리를 내리는 일은 드물다. 유연하고 녹색을 띤 이 덩굴 싹은 의지해서 자랄 수 있는 틀을 미친 듯이 찾는다. 자신은 전혀 가지고 있지 않은 힘을 제공해줄 틀을 찾는 것이다.

덩굴은 빛이 있는 위쪽으로 도달하기 위해 갖은 수를 동원해 투쟁을 한다. 그들은 숲의 규칙에 따르지 않는다. 제일 좋은 자리에 뿌리를 내리고, 잎은 다른 제일 좋은 자리, 보통 몇 나무 건너에 만든다.

덩굴은 지상의 식물 중 유일하게 위보다 옆으로 더 많이 자라는 식물들이다. 덩굴은 도둑질을 마다하지 않는다. 그들은 아무도 돌보지 않은 빛 한 줌과 비 한 방울을 훔친다. 덩굴들은 사과하는 태도로 공생관계에 들어가는 대신 기회가 닿는 대로 크게 자란다. 감고 올라가는 틀이 죽는지 사는지 별 상관이 없다. 덩굴의 유일한 약점은 그것이 약하다는 점이다. 그들은 나무만큼 크게 자라기를 절박하게 원하지만,

그것을 고상하게 실현하는 데 필요한 빳빳함을 가지고 있지 못하다. 그들이 햇빛을 찾아가는 방법은 목재를 길러서가 아니라 순전히 악력과 뻔뻔스러움을 동원해서다.

담쟁이덩굴 한 그루는 무엇이든 감싸고 달라붙도록 프로그램된 수천 개의 초록색 덩굴손을 가지고 있다. 덩굴손에 닿은 것이 덩굴을 지지할 수 있을 정도로 튼튼하거나 혹은 적어도 튼튼한 것을 만날 때까지 버텨주기를 바라면서 말이다.

그들은 누구도 흉내 낼 수 없을 정도의 변신술을 지닌 변절자들이다. 덩굴손에 흙이 닿으면 뿌리로 변하고 덩굴손에 바위가 닿으면 흡입컵을 만들어 단단히 붙는다. 덩굴은 무엇이든 필요한 것으로 변신하고, 자신의 엄청난 허세를 현실로 만들기 위해서는 무엇이든 다 한다.

덩굴식물은 사악하거나 해로운 존재는 아니다. 다만 말할 수 없을 정도로 야심 찰 뿐이다. 그들은 지구상에서 가장 열심히 일하는 식물이다."

당신은 지금 무엇을 붙들고 있는가?

사막의 식물은 어디서든 잘 자란다

사막에 사는 식물은 어떤 식물이라도 사막에서 가지고 나오면 더 잘 자란다.

사막은 나쁜 동네와 비슷한 면이 있다. 양극화가 심화되면서 "개천에서 용이 나지 않는다"며 신분 상승의 사다리가 사라졌다고 말하는

데, 나쁜 동네를 좋은 동네로 만드는 일이 시급하다. 그것은 개천을 거대한 강으로 만드는 일이다. 개천을 개천으로 방치한 채 용이 안 보인다고 한탄해봐야 소용없다. 선인장을 크게 키우는 가장 간단한 방법은 사막을 없애는 것이다. 당신이 사는 동네는 어떤가?

위기에 대처하는 나무들의 자세

1997년 미국 워싱턴주의 한 숲에 텐트나방이라는 곤충들이 들이닥쳤다. 텐트나방은 나무의 이파리를 모두 갉아먹는 방법으로 나무를 죽이고 숲을 황폐하게 만들었다.

2년 뒤 워싱턴주립대 연구원들이 텐트나방의 공격에서 살아남은 나뭇잎을 텐트나방에게 먹였더니 놀라운 일이 벌어졌다. 나뭇잎을 먹은 텐트나방 애벌레들이 병들어 죽어간 것이다. 2년 전 텐트나방의 공격을 받으며 나무들은 텐트나방의 공격을 방어할 수 있는 화학물질을 내부에 비축한 것이다.

놀라운 일은 이뿐만이 아니다. 텐트나방의 공격을 받지 않은 인근 숲의 나뭇잎에도 같은 화학물질이 들어 있었다. 나무들끼리 의사전달 체계를 통해 이쪽 숲에서 저쪽 숲으로 신호를 보낸 것이다. 이렇게 나무들도 서로를 돕는다. 옆 숲이 건강해야 여기 숲도 건강해질 수 있기 때문이다. 우리 인간의 삶은 어떤가?

식물의 여행

나무들도 여행을 한다. 공간을 이동하는 동물들의 여행과 달리 식물들의 여행은 시간 여행이다. 그 여행은 태양을 찾는 과정이다. 24시간의 순환주기 중 빛이 존재하는 시간을 감지해 식물들은 자신의 상태를 바꾼다. 매일매일의 날씨는 변덕을 부릴 수 있지만 태양만은 신뢰할 수 있기 때문이다.

식물들은 세상이 급속도로 변화할 때 항상 신뢰할 수 있는 한 가지 요소를 찾아내는 것이 중요하다는 것을 알고 있다. 우리도 그래야 한다. 세상이 아무리 빠르게 변해도 내가 지켜야 할 한 가지 기준을 갖는 것이 중요하다. 당신의 기준은 무엇인가?

지구의 어머니

여성 과학자로서 자리를 잡아가던 자런에게 임신은 최대의 위기이자 공포였다. 아기가 태어남으로써 인생의 일부분이 끝날 것이라는 예감에 오랫동안 슬퍼했다. 이런 자런에게 힘을 준 것 역시 식물이었다.

식물학 교과서에 수많은 성장 곡선이 나오는데 학생들을 혼란스럽게 만드는 것은 느슨한 S자 곡선이다. 최대 생산성에 이르기 직전에 식물의 질량이 감소하기 때문이다. 즉, 꽃과 열매를 만드는 데 일부 영양소를 쓰는 것이다. 새로운 세대를 만들어내는 작업은 어미에게 상당한 타격을 준다. 하지만 결국 한때의 타격을 회복하고 더 크게 성장한다.

식물은 지구의 어머니다. 햇빛과 물을 섞어 지구의 모든 생명체가 살아갈 수 있는 에너지를 만들어내는 존재이기 때문이다. 호프 자런은 "내가 쓰는 모든 글은 어머니께 바치는 것이다"라고 썼다. 그의 헌사가 결코 헛되지 않게 하려면, 아니 우리 인간이 지구상에 좀 더 오래 머무르려면 식물에 대해 더 많이 알아야 하고 식물에게서 받은 은혜를 갚기 위한 노력을 멈추지 말아야 한다.

인간은 어떻게 지구를 정복했을까?

2016년 10월에 시작된 '촛불혁명'은 우리에게 '역사는 진보한다'는 명제를 다시 한 번 확인시켜주었다. 역사는 앞으로 나아간다. 비록 더디지만, 간혹 돌아가기도 하고 뒷걸음질치기도 하지만 긴 관점에서 보면 분명히 전진한다. 그것도 한두 사람이 아니라 공동체 전체의 힘과 의지로 한 걸음씩 나아간다. 이것이 아프리카 초원에서 출발한 인류가 오늘에 이른 원동력이기도 하다.

이기적 유전자와 이타적 유전자, 승자는?

인간은 선한 존재인가, 악한 존재인가? 이기적인가, 이타적인가?

이 질문은 동양이건 서양이건 철학의 가장 오래된 주제였다. 중국의 고대 사상가 맹자와 프랑스혁명의 정신적 젖줄인 장 자크 루소는 인간의 본성에 선한 의지가 있다고 봤고, 순자와 영국의 정치철학자 토머스 홉스는 인간의 본성은 악하기 때문에 교육과 제도에 의해 이를 교화하고 억제해야 한다고 주장했다. 하지만 어느 한쪽도 인간의 본성을 온전하게 설명하지 못한다. 인간은 선하면서도 악하고, 이기적이면서 동시에 이타적인 존재이기 때문이다.

인간은 늘 이러한 모순 속에서 살아간다. 한없이 이기적인 사람이라도 눈앞에서 물에 빠진 사람을 보면 본능적으로 뛰어들기도 하고, 사회적으로 선한 사람도 집에서는 자기밖에 모르는 사람이 되기도 한다. 모든 사람의 마음속에서는 이렇게 '이기적인 나'와 '이타적인 나'가 끊임없이 경쟁한다.

정신분석학을 창시한 지그문트 프로이트는 인간 내면의 이 같은 모순과 갈등을 이드(id)와 에고(ego), 슈퍼에고(super ego)의 개념으로 설명한다. 하지만 프로이트조차 인간 본성의 근원이 어디에서 유래하는지에 대해서는 설명하지 않는다.

사회생물학의 창시자로 불리는 통섭의 대가 에드워드 윌슨은 모순적 인간 본성의 원인을 인류의 진화 과정 속에서 찾았다. '우리는 어디에서 왔고, 무엇이며, 어디로 가는가?'라는 인간 존재의 의미를 묻는 원초적인 질문에 윌슨은 유전학, 신경과학, 진화생물학, 고고학, 사회심리학, 역사학 등을 총동원하여 답을 내놓는다. 그것도 그가 지금까지 지켜왔던 '혈연선택이론'을 폐기 처분하면서까지 내놓은 답이다. 그는 유전자를 공유하는 혈연끼리 도우면 그 유전자가 자연선택되어 다음 세대로 전달된다는 이론을 평생 떠받들었다. 그런데 이를 포기하다니.

"곤충의 복잡다단한 생태를 더 깊이 연구하면서 이렇게 나는 혈연선택보다는 생태적 요인들이 진사회성의 진화를 이끌어왔다는 사실을 깨닫게 되었다."

윌슨이 혈연선택 대신 꺼내든 것은 '다수준선택이론'이다. 인류의 진화는 다른 생명체와 마찬가지로 자연선택으로 이루어지는데, 그 선택이 개체 차원에서만 이루어지는 것이 아니라 집단 차원에서도 이루어진다는 것이다. 즉, 개체선택과 집단선택이 한 개인에게 동시에, 하지만 대체로 서로 반대 방향으로 진행되어왔다는 말이다. 개체선택은 한 집단의 구성원들 사이에서 생존과 번식을 위한 경쟁이 벌어지면서 일어난다. 개체선택을 통해 이기적인 본능이 우리의 유전자 안에 새겨진다. 반대로 집단선택은 서로에게 이타적인 성향을 띠는 본능을 빚어낸다.

이타주의 집단이 이기주의 집단을 이긴다

인류의 협력은 수렵생활을 할 때부터 시작되었다. 그전에 호모사피엔스의 조상들은 주로 채식을 했다. 50만 년 전 불을 다스리게 되면서 드디어 고기를 먹기 시작했고, 고기를 먹으면서 에너지 공급이 활발해지고 인류의 뇌는 점점 더 커지게 되었다. 육식과 함께 커진 뇌의 전두엽에 기억 중추와 추론 중추가 활성화되면서 사회적 지능이 높아졌고, 그에 따라 더 많은 협력이 가능해졌고 집단도 더 커지게 되었다.

인류는 개체선택과 집단선택이라는 두 경로를 통해 진화했기 때문에 우리 안에는 개체선택을 통해 만들어진 유전자와 집단선택을 통해 만들어진 유전자가 동시에 존재한다. 윌슨은 《지구의 정복자》에서 이렇게 말한다.

"유전적인 사회성 진화에는 냉엄한 법칙이 하나 있다. 이기적 개인이 이타적 개인을 이기는 반면, 이타주의자들의 집단은 이기주의자들의 집단을 이긴다는 것이다. 이 승리는 결코 완결될 수 없다. 즉, 선택압(selective force) 사이의 균형은 어느 한쪽 극단으로 옮겨가지 않기 때문이다. 개체선택만이 지배한다면, 사회는 해체될 것이다. 집단선택만이 지배한다면 인류 집단은 개미 군체와 비슷해질 것이다."

개인 간 대결에서는 이기적 개인이 이기지만 집단 간 대결에서는 이타주의자 집단이 이긴다는 말은 인간 내부의 이기심과 이타심의 균형을 어떻게 유지하느냐에 공동체의 발전이 달려 있다는 뜻이다. 이기심만 남은 사회에는 '만인 대 만인의 투쟁'만 있을 뿐이고, 이타주의만 강조되는 사회는 '삭막한 전체주의'로 귀결될 뿐이다. 이기적인 유전자와 이타적인 유전자의 불안한 동거는 우리가 관계 속에서 인간적인 삶을 가능하게 해주는 원동력일 수밖에 없다.

유발 하라리는 《사피엔스》라는 책에서 호모사피엔스가 자신들보다 몸집이 크고 힘도 셌던 네안데르탈인을 이기고 지구의 정복자가 된 이유를 '언어'라고 주장했다. 호모사피엔스가 네안데르탈인보다 더 정교한 언어를 사용했기 때문에 협력이 가능했고 지식의 교환과 축적이 더 쉬웠다는 것이다. 유발 하라리의 이런 논리는 윌슨의 다수준선택이론과 맞닿아 있다. 집단 간 경쟁에서 집단 내의 협력이 더 잘되는, 즉 집단 내에 이타적인 사람이 더 많은 집단이 이겼고 그것이 호모사피엔스가 지구의 정복자가 된 이유라는 것이다.

혈연선택이론을 대중화시킨 《이기적인 유전자》의 리처드 도킨스는 에드워드 윌슨의 《지구의 정복자》를 "온 힘을 다해 집어던져야 할 책"이라고 혹평했다. 그만큼 윌슨을 중심으로 했던 진화학계는 일대 충격과 혼란에 빠졌고, 윌슨은 후배들로부터 온갖 공격을 받았다.

한때 학문적 동지였던 사람들로부터 배신자라는 비판을 받으면서까지 윌슨이 집단선택이론으로 귀화한 이유는 개미를 연구하면서 혈연선택으로 설명되지 않는 부분을 발견했기 때문이다. 개미와 같은 곤충의 복잡다단한 생태를 더 깊이 연구하면서 그는 혈연선택보다는 생태적 요인들이 진사회성(고도의 사회성. 두 세대 이상 함께 살면서 새끼를 돌보고 협동하며 이타적 행동을 하는 경향)의 진화를 이끌어왔다는 사실을 깨닫게 되었다.

"가령 진사회성 곤충들은 모두 암컷이 집을 짓는 것으로부터 출발한다. 유전자를 얼마나 공유했느냐보다 집을 공유했느냐가 더 중요한 요인이다. 또 다른 정복자인 인간의 경우 사회성 진화의 원동력은 확실히 유전자나 개체가 아닌 집단선택이다. 인류의 진화사에서 집단 간 충돌은 끊이질 않았는데 이 과정에서 부족주의, 명예심, 의무감 등이 이기심을 억누르게끔 진화할 수 있었다. 개미든 인간이든 혈연선택만으로는 그들의 진화를 설명할 수 없다."

침팬지와 인류의 중요한 차이점도 침팬지에게는 함께 모여 둘러앉을 모닥불(야영지)이 없었고 인류에게는 있었다는 점이다. 방어 가능한 안전한 보금자리에 집단이 집결함으로써 생긴 결속력은 인간의 사회성 진화에 중요한 원동력이었으며, 혈연은 진화의 원인이 아니라 결과였다는 것이 윌슨의 설명이다.

윌슨이 집단선택에 이르는 과정은 통섭에 이르는 과정과 다르지 않다. 개미든 인간이든 진화 과정을 혈연선택만으로는 설명할 수 없는 부분이 있고 다양한 수준에서 작용했던 선택압을 동시에 고려해야 하듯이 세계에 대한 온전한 이해 역시 학문 간 소통을 통해서만 가능하다는 것이다.

"인문학과 과학을 더 가까이 엮어야 할 이유가 하나 있다면, 다른 생물들에게서 볼 수 있는 것과 대조되는 인간의 감각 세계가 지닌 진정한 본질을 이해할 필요가 있다는 점이다. 서로서로 상쇄하며 견제하는 다수준선택의 힘들은 불가피하게 개인의 마음에 영구적인 모호함을 빚어내며, 그것은 사람들 사이에 유대를 맺고 사랑하고 사귀고 배신하고 공유하고 희생하고 훔치고 기만하고 보복하고 처벌하고 애원하고 심판하는 방식에 관한 무수한 시나리오를 낳는다. 문화적 진화라는 방대한 초구조를 반영하면서 각자의 뇌에 저마다 고유하게 새겨진 이 갈등은 인문학의 수원(水源)이다. 명예와 배신이 얽히고설킨 전쟁에 시달리지 않으며 본능의 엄격한 명령을 통해 얼마 안 되는 감정들을 연쇄적으로 펼쳐내는 개미 세계의 셰익스피어는 승리의 희곡 한 편과 멸망의 비극 한 편밖에 쓸 수 없을 것이다. 반면에 사람은 비전문가라 할지라도 그런 이야기를 끝없이 다양하게 창작할 수 있고 무한정 많은 무드를 조성할 수 있는 교향곡을 작곡할 수 있다."

윌슨이 주장한 집단선택이론은 과학계에서는 아직 치열한 논쟁이 진행 중이지만 통섭은 광범위하게 수용되고 있다. 융합, 디지로그, 컨버전스, 크로스오버 등 통섭의 유사품들이 학문의 세계뿐 아니라 사회, 교육, 산업의 세계 전반에 걸쳐 화두가 되고 있다.

인류의 지속가능한 발전을 위해서도 인간 본성의 딜레마와 그 딜레마가 세상에 그려놓는 무늬를 통합적으로 이해하는 것이 필수적이다. 뇌과학이나 인공지능이 단순히 과학의 영역이 아니라 인문학의 영역인 이유도 여기에 있다. 과학에 인문학적 관점이 빠진다면 과학은 우리를 디스토피아로 안내할지도 모른다.

"우리가 지금 으레 하듯이 안에서 밖을 내다보는 식으로가 아니라 바깥에서 들여다봄으로써 문화적 진화를 이해하려면 인간 마음의 모든 복잡한 감정과 구조를 해석해야 한다. 그러려면 사람들과 긴밀하게 접촉하면서 무수한 개인사를 알아내야 한다. 생각이 어떤 식으로 기호나 인공물로 번역되는지를 살펴보아야 한다. 이 모든 것이 바로 인문학이 하는 일이다."

윌슨이 《인간 존재의 의미》에서 한 이 말에 우리 인류와 지구의 미래를 여는 방향키가 들어 있다.

4

성숙한 공존은 어떻게 가능한가

당신이 전염병에 걸리지 않은 것은 건강해서가 아니다

나는 시인 윌리엄 워즈워스의 시 '무지개'에 나오는 '어린이는 어른의 아버지'라는 표현의 의미를 아버지가 되고서야 비로소 이해할 수 있었다.

아버지가 되기 전 세상과 된 후의 세상은 전혀 달랐다. 그전에는 아무렇지도 않아 보이던 세상이 갑자기 위험으로 가득한 것처럼 보였다. 마시는 물은 깨끗한지, 공기는 맑은지도 걱정이었고, 아이들이 쓰는 물건들에 독성물질이 들어 있는 건 아닌지도 염려되었고, 차들이 달리는 도로는 너무도 위험천만해 보였다.

아버지가 되면서 좀 더 멀리 보게 되었다. 가까운 미래뿐 아니라 아이가 살아갈 더 먼 미래도 더 좋은 세상이 되기를 바라게 되고, 그러기 위해서는 지금 어떻게 해야 하는지도 고민하게 되었다. 이렇게 아이들은 부모들을 좀 더 나은 사람으로 성장시켜주는 귀한 존재들이다.

이기적이면서 이타적인 행위

미국의 논픽션 작가인 율라 비스는 2009년 엄마가 되었다. 엄마가 된다는 것은 그에게 다른 세상으로 건너가는 경험이었다. 세상이 모두 위험스러워 보였다. 예방접종마저도 고통스러운 선택의 문제였다. 안전한가? 부작용은 없는가? 다른 선택은 없는가?

율라 비스는 아이를 키우는 엄마로서 그 미로를 헤쳐나간 과정을 《면역에 관하여》라는 책에 담아냈다. 책의 결론은 단순 명료하다. '백신은 안전하고, 면역을 위해서, 또 아이들을 위해서 백신을 맞히는 것이 좋다'는 것이다. 하지만 중요한 것은 단순 명료한 이 결론이 아니라 결론에 이르는 과정에서 저자가 마주쳤던 수많은 성찰과 깨달음이다.

아이를 초등학교에 입학시키려면 학교에 예방접종 확인서를 제출해야 한다. 학교가 아이의 예방접종을 확인하는 이유는 아이가 병을 옮기는 숙주가 될 가능성을 차단하기 위해서다. 학교라는 공동체에 해가 되지 않는 존재라는 것을 예방접종 확인서를 통해 증명하는 것이다.

이는 역사적으로 확인된 '집단 면역(herd immunity)'의 효과 때문이다. 자신은 백신을 맞았지만 미접종자가 많은 동네에서 사는 사람이, 자신은 맞지 않았지만 접종자가 많은 동네에서 사는 사람보다 홍역 같은 전염병에 감염될 확률이 높은 것이다. 그렇기 때문에 아이에게 백신을 접종하는 것은 감염병으로부터 우리 아이를 보호하기 위한 '이기적'인 행위일 뿐 아니라 다른 사람에게 위험을 전파할 수 있는 숙주가 되지 않겠다는 '이타적'인 행위이기도 하다.

"우리가 백신의 효과를 따질 때 그것이 하나의 몸에 어떠한 영향을 미치느냐만 따지지 않고 공동체의 집합적 몸에 어떤 영향을 미치느냐까지 따진다면, 백신접종을 면역에 대한 예금으로 상상해도 썩 괜찮을 것이다. 그 은행에 돈을 넣는다는 건 스스로의 면역으로 보호받을 능력이 없거나 의도적으로 그러지 않기로 결정한 사람들에게 기부하는 셈이다."

알고 보면 우리는 건강마저도 서로에게 빚지고 있는 셈이다. 혹시 예방접종을 하지 않았는데도 전염병에 걸리지 않았다면 이는 스스로 건강하기 때문이 아니라 예방접종을 한 이웃들이 접종자 주변에서 바이러스의 침입을 막아주고 있기 때문이다.

"우리는 제 살갗으로부터보다 그 너머에 있는 것들로부터 더 많이 보호받는다. 이 대목에서, 몸들의 경계는 허물어지기 시작한다. 면역은 사적인 계좌인 동시에 공동의 신탁이다."

면역은 공동의 신탁이라는 사실을 우리는 이미 2016년 역대 최악의 독감 사태와 2,500만 마리 이상의 닭이 살처분된 조류인플루엔자(AI) 사태를 통해 경험했다. 자신이 기르던 닭들을 폐사시킬 수밖에 없었던 상황은 양계장 주인의 잘못만은 아니다. 면역이라는 공동의 신탁을 마련하지 못한 탓이다.

몸은 사회적이다

영화 〈부산행〉에서 수안이 아빠 석우(공유)는

좀비에게 감염된 후 수안이를 떠나보내고 스스로 목숨을 끊는다. 자신이 딸에게 바이러스를 전파할 수 있는 괴물이 되어버렸기 때문에 감염의 위험성을 스스로 끊어낸 것이다. 이 영화는 우리가 서로에게 위험이 될 수 있는 존재임을 확인시켜준다. 바이러스 입장에서 사람들은 모두 숙주에 지나지 않는다. 개인적인 노력으로는 바이러스의 위협에서 벗어날 수 없음을 극명하게 보여주는 영화에서 우리는 결코 고립된 존재들이 아니라는 사실을 확인하게 된다.

우리가 서로 연결된 존재라는 증표는 우리 몸에서도 확인할 수 있다. 배꼽이다. 우리는 모두 엄마와 탯줄로 연결된 존재이고, 엄마의 엄마, 엄마의 엄마의 엄마, 엄마의 엄마의 엄마의 엄마를 거쳐 결국은 하나로 이어진 존재들이다. 몸은 각자에게 속한 것이지만 동시에 많은 몸으로 이루어진 더 큰 몸을 증거한다. 즉, 내 몸은 나의 것이지만 누군가의 것이기도 하다. 그 연결이 사회를 이루고, 개인이 사회에 속한 존재라는 사실을 확인시켜준다.

그런 면에서 우리 몸은 독립적이면서도 의존적이다. 이에 대해 율라 비스의 여동생은 이렇게 말한다.

"서로 의존하는 관계라고 생각해봐. 우리 몸은 자기 혼자만의 소유가 아니야. 우리는 그렇지 않아. 우리 몸들은 서로 독립적이지 않지. 우리 몸의 건강은 늘 남들이 내리는 선택에 의존하고 있어."

우리는 모두 연결된 존재들이기 때문에 면역에 대한 해법은 사회적 병폐의 해법과 다르지 않다. 율라 비스는 그 해법을 볼테르의 소설 《캉디드》를 들어 예시한다.

남작의 딸 퀴네공드를 사랑했다는 이유로 쫓겨났다가 온갖 어려움을 겪은 뒤 돌아와 다시 퀴네공드와 결합한 캉디드에게 팡글로스 교수는 이렇게 이야기한다.

"모든 사건들은 가능한 최선의 세상 안에서 서로 연결되어 있다네. 자네가 퀴네공드를 사랑했다는 이유로 성에서 쫓겨나지 않았으면, 그 많은 일들을 겪지 않았으면, 오늘날 이 행복을 누리지 못했을 거야."

이에 캉디드는 이렇게 대답한다.

"참으로 옳은 말씀이에요. 하지만 우리 정원은 우리가 가꾸어야 하는 법이지요."

운명 안에서 우연히 주어진 행운을 행복이라고 여길 것이 아니라 정원을 가꾸듯 함께 공동체의 행복을 키워야 한다는 말이다. 면역도 마찬가지. 다행히 내가 감염되지 않았다는 것에 만족해서는 안 되고 서로에게 건강한 환경이 되기 위해 노력해야 한다. 우리는 서로에게 연결되고 빚진 존재들이니까.

"우리가 사회적 몸을 무엇으로 여기기로 선택하든 우리는 늘 서로의 환경이다. 면역은 공유된 공간이다. 우리가 함께 가꾸는 정원이다."

순수에 대한 집착의 사악함

'백신(vaccine)'이라는 말은 '암소'를 뜻하는 라틴어에서 나왔다. 인류 역사상 첫 백신이라고 할 수 있는 물질이 암소에서 왔기 때문이다. 19세기 말 영국 의사 에드워드 제너는 우유를 짜는 사람들은 당시 사망률이 50%에 이르는 무서운 전염병인 천연두에 걸리지 않는다는 것을 알고 그 이유가 우두(牛痘. 소가 걸리는 전염병)에 있을 것이라고 생각했다. 그래서 소량의 우두 병균을 사람 팔에 주입했더니 가볍게 천연두를 앓고 지나간 뒤 다시는 천연두에 걸리지 않았다. 이것이 백신의 시작이다.

하지만 백신은 철저히 거부당했다. 사람 몸에 백신을 집어넣는 것은 깨끗한 몸을 더럽히고 오염시키는 행위와 동일시되었기 때문이다. 당시 사람들에게 백신 주입은 곧 '죄를 주입하는 것'이었고, 그로 인해 생긴 영구적인 흉터는 '짐승의 낙인'과도 같았다. 1882년 영국 성공회의 한 대주교는 설교에서 백신 주입에 대한 부정적 편견을 여과 없이 드러냈다.

"타락, 악덕들의 앙금, 못된 욕구들의 찌꺼기가 뒤섞인 고약한 혼합물로서 사후에 영혼에게서 부글부글 솟아올라 그 속에 지옥을 발달시키고는 끝내 그 사람을 잡아삼키는 것."

'오염'과 '불결'에 대한 공포는 뿌리가 깊다. 그만큼 '순수'와 '청결'에 대한 집착 또한 강하다. 하지만 인간이 순수하고 완전무결한 존재라는 믿음은 허구에 기반한 착각에 불과하고, 청결하고 도덕적이면 질병의 위험이 없다는 생각도 근거 없는 낙관일 뿐이다. 우리는 원래 '오염된 존재'이기 때문이다. 우리 몸속에는 이미 수백 조의 미생물과 바이러스들이 살고 있고 화학물질로 가득 차 있다.

존재의 연결성과 상호 의존성을 부정하고 순수를 강조하는 자들이 있다. 우리는 그들의 의도를 의심하고 경계해야 한다. 그들은 대부분

파시스트이거나 마초이거나 극우 민족주의자일 가능성이 높다.

“순수함, 특히 신체적 순수함은 언뜻 무해한 개념으로 보이지만 실은 지난 세기의 가장 사악한 사회활동들 중 다수의 이면에 깔린 생각이었다. 신체적 순수함에 대한 열정은 맹인이거나 흑인이거나 가난한 여자들에게 불임 시술을 실시했던 우생학 운동의 동기였다. 신체적 순수함에 대한 걱정은 노예제가 폐지된 뒤에도 한 세기 넘게 살아남았던 인종 혼합 결혼 금지법의 이면에 깔린 생각이었으며, 최근에서야 위헌으로 판정된 남색 금지법의 이면에 깔린 생각이기도 했다. 모종의 상상된 순수성을 보존하려는 노력 때문에 그동안 인류의 유대는 적잖이 희생되어왔다.”

순수에 대한 집착은 외부에 대한 적대감으로 표출된다. 미국 작가 수잔 손택은 《질병의 은유》에서 “매독은 영국인들에게 프랑스 발진이었으며 파리 사람들에게는 독일 질병, 피렌체 사람들에게는 나폴리 질병, 일본인들에게는 중국 질병이었다”고 썼다. 공동체를 병들게 하고 위험에 빠뜨리는 것은 외부 세력이라는 편견에 사람들이 사로잡혀 있었기 때문이다.

‘나쁜 정치인’들은 이러한 인간의 편견과 적대감을 아주 잘 활용하는데, 그런 선동에는 사회적 약자들이 더 쉽게 포섭되는 경향이 있다.

“사람들이 편견으로 기우는 경향성은 스스로가 특히 취약하다고 느끼거나 질병에 대해서 위협을 느낄 때 좀 더 강화된다고 한다. 일례로 한 연구에 따르면 임신한 여성은 임신 초기 단계에서 외국인 혐오를 좀 더 많이 드러낸다. 슬프게도 우리는 자신이 취약하다고 느낄수록 좀 더 편협해지는 것이다."

세계의 정치 지형이 우경화로 기우는 이유를 가장 잘 설명할 수 있는 과학적이고 생물학적인 비밀이 이 문장 안에 숨어 있다. 사회적 약자일수록 또 다른 약자나 외부 세력에 대한 편견과 적대감을 쉽게 드러낸다. 영국의 브렉시트도, 미국 트럼프의 대통령 당선도, 유럽 대륙에서 부는 극우화의 바람도 모두 이와 같은 인간의 생물학적 취약성과 이를 정치적으로 활용하는 극우 정치 집단의 전략 때문이다. 인류를 파멸 상태로 몰아간 20세기 파시스트들은 이를 가장 잘 활용한 자들이었다.

이를 막는 방법은 전염병을 막는 방법과 똑같다. 바로 우리는 모두 연결된 존재이자 오염된 존재라는 자각에서부터 시작해야 한다. "우리 모두가 벗어날 수 없는 상호성의 그물에 얽혀 있다"는 마틴 루서 킹 목사의 말을 기억해야 한다.

사회를
바꾸고 싶은가?

누구나 그런 경험을 해본 적이 있을 것이다. 회의시간에 긴 논의 끝에 어떤 결론을 내렸는데 회의가 끝나고 회사 앞 호프집에서 맥주 한잔하며 이야기를 나누었을 때 내가 알고 있는 결론이 회의에서 내렸던 결론과 달랐던 경험. 참석한 사람들은 같은데 서로의 결론이 다르다면 과연 그 결론은 누가 내린 것인가? 회의실이 내린 것인가, 호프집이 내린 것인가, 아니면 맥주에 들어 있는 알코올 성분이 내린 것인가? 대체 결론은 뭐란 말인가?

한국에서는 이를 '분위기'라고 하고 일본에서는 '공기'라고 한다. 일본인들이 사용하는 공기라는 말은 한국의 분위기와 비슷하지만 밀도는 훨씬 더 높다. 각 개인에게 미치는 구속력이 더 크다는 얘기다.

《책의 미래를 찾는 여행, 서울》(우치누마 신타로 외)이라는 책의 서문에 이런 내용이 나온다.

“이 책을 읽고 서울의 서점이나 출판에 흥미가 생긴다면 우선 현지에 가보는 것을 추천한다. 언어로는 표현할 수 없는, 서울에 부유하는 ‘공기’에 몸을 맡겨보기를 권한다.”

일본인들이 공기라는 말을 어느 때 사용하는지 이해할 수 있다. 언어로는 표현할 수 없지만, 상황과 결정에 대한 구속력을 가진 어떤 힘, 그것이 바로 일본인들이 말하는 공기다.

흔히 ‘일본론’에 관한 책들을 보면 대부분 조용하고, 소심하고, 남에게 폐 끼치는 것을 극도로 싫어하는 ‘착한’ 일본 사람들이 위안부나 난징대학살, 731부대 생체실험 같은 반인륜적이고 끔찍한 범죄를 저질렀을까? 하는 의문에서 출발한다. 그런 의문에 대한 답을 찾다 보니 ‘국화와 칼’ 또는 ‘혼네와 다테마에’ 같은 대립적인 개념을 내세워 일본과 일본인을 설명하곤 한다. 하지만 뭔가 빠진 느낌을 지울 수 없다. 일본인 개인과 일본 사회의 차이에 대한 설득력이 약하다는 느낌이다. 그 약한 느낌, 풀리지 않은 퍼즐을 비로소 맞추게 되었다. 일본 작가 야마모토 시치헤이의 《공기의 연구》 덕분이다.

모든 책임은 ‘공기’에

일본이 미군에 항복 선언을 한 1945년 8월 15일. 도쿄의 풍경은 그로테스크했다. 슬프고 우울하고 절망적일 것이라는 예상과 달리 도쿄의 거리는 이상한 활기가 넘쳤다. 전후의 대표적인 작가로 꼽히는 사카구치 안고는《타락론》에서 당시의 풍경을 이렇게 묘사했다.

"폭격 직후 이재민들의 행진은 허탈이나 방심과 종류가 다른 놀랄 만한 충만과 중량을 지닌 무심하고 순진한 운명의 산물이었다."

그러면서 사카구치는 "예상할 수 없는 신세계를 향한 불가사의한 재생, 그것에 대한 호기심은 내 일생에서 가장 신선한 것이었고, 그 기괴한 신선도에 대가를 치르기 위해서라도 도쿄에 머무를 필요가 있다는 기묘한 주문에 걸려 있었다"고 당시의 느낌을 표현했다.

일본 패전 후 히트곡 1호로 꼽히는 노래도 '사과의 노래'였다. 나미키 미치코가 부른 이 노래는 전쟁의 중압감에서 벗어난 소녀들의 해방감을 드러냈다.

어떻게 이런 극적인 반전이 가능했을까? 이유는 간단하다. 항복 선언과 함께 순식간에 공기가 바뀌었으니까. 전쟁을 결정한 것도, 전쟁을 수행한 것도 개인들이 아니라 일본 사회를 짓누른 공기였으니까.

일본이 일으킨 대동아전쟁에 포병장교로 참전했던 야마모토 시치헤이는 '일본의 공기'가 전쟁에서 어떤 역할을 했는지에 대해 일본 전함 야마토호 이야기로 설명한다. 야마토호는 전쟁이 막바지로 치닫던 1945년 오키나와해전에 투입된다. 하지만 힘 한번 제대로 써보지 못하고 격침되었고 3,000명의 탑승자 가운데 269명만 살아남는 처참한 패배를 당했다. 사실 일본 군부는 처음부터 야마토호의 출항이 무의미하다는 것을 알고 있었다. 다만 "전함 야마토호는 대체 뭘 하고 있느냐?"는 수뇌부의 냉담한 공기를 읽은 해군이 출전을 결정했고, 출전해서

침몰하는 것 자체가 '공기의 명령'이었다. 실패를 무릅쓴 출전이 목적이었다.

2차 세계대전 후 전범 국가로서 일본과 독일이 전쟁 범죄에 대해 태도를 달리했던 이유도 여기에 있었다. 일본인들은 그 모든 잘못된 결정의 책임을 공기에 떠넘기고 미국이 만들어놓은 새로운 공기의 명령에 따라 살면 된다고 판단했던 것이다.

"모든 일본인이 이런 형태로 외형적인 자기 변혁을 시행함으로써 '나는 변했고 오늘부터는 민주주의자다'라고 자기암시를 하면서 그것을 믿어버리고, 그 믿음에 따라 진정한 변혁을 회피하는 전통적인 방식을 상징적으로 보여주는 것에 불과하다."

쇼와 덴노는 우울할 수밖에

시치헤이는 일본 사회의 상징인 천황, 즉 '덴노(天皇)'조차도 공기에 의해 만들어진 존재로 설명한다.

패전 후 히로히토 덴노는 자신이 인간임을 천명한다. 자신은 신이 아니라는 선언이었다. 하지만 그는 '덴노는 현인신(現人神. 사람 모습을 한 신)'이라는 선언을 한 적이 없었다. '덴노는 신이다'라는 선언을 한 적이 없는데 '덴노는 신이 아니다'라는 선언을 한 셈이다.

"신기하게도, 최초로 덴노가 현인신이라고 말한 사람을 찾아보자는 사람은 아무도 없다. 아마 찾아도 소용이 없었을 것이다. '공기'가 한 일이니까. 덴노제야말로 전형적인 '공기의 지배' 체제인 것이다."

알고 보면 '대정봉환(大政奉還. 1867년 11월 9일, 에도 막부 15대 쇼군 도쿠가와 요시노부가 메이지 천황에게 막부의 통치권을 돌려준 사건)'을 통해 덴노가 상징적 존재에서 실권을 가진 진정한 덴노가 되는 과정 자체가 덴노가 주도한 것이 아니고 덴노가 원하는 방식도 아니었다. 이를 상징하는 것이 덴노가에서조차 불교식 행사를 금지당한 일이다.

시치헤이는 메이지 4년(1871년)까지만 해도 궁중에서는 불단을 두고 역대 덴노의 위패를 모셔두고 있었다. 하지만 메이지유신을 통해 일본 사회에서 모든 불교 행사가 중단되었고, 이런 영향은 덴노가에까지 영향을 미쳤다. 궁중에 있었던 불상 등 불교 관련 물건들이 모두 사찰로 옮겨졌고 불교식으로 치르던 장례마저도 금지당했다. 그는 "덴노 자신도 사상 및 신앙의 자유를 박탈당했다"고 썼다.

근대화의 초입에서 일본 사회가 대정봉환을 통해 덴노를 불러냈던 이유는 바로 막부 시대와 다른 새로운 공기가 필요했기 때문이다.

쇼와 덴노의 사진을 보면 표정이 침울하다. 세자 시절에도, 결혼할 때에도, 덴노로 즉위했을 때에도, 항복 선언을 했을 때도, 맥아더 장군 옆에서도, 평화헌법에 서명할 때에도 한결같이 우울한 모습이다. 최고권력자였지만 그 역시 공기의 압력에 질식당하는 존재였기 때문이리라.

"덴노제를 짧게 정의하면 '우상적 대상에 대한 임재감적 파악에 바탕을 두고 감정을 이입함으로써 수립되는 공기의 지배체제'라고 할 수 있을 것이다. 덴노제란 공기의 지배다. 따라서 공기의 지배를 그대로 둔 채 덴노제를 비판하거나 공기에 지배당한 채 덴노제를 비판하는 것은 그 비판 자체가 덴노제의 기반 위에 서 있다는 의미에서 애초부터

난센스다."

'공기'의 지배를 뚫는 '물'

우리나라에서 〈원령공주〉라는 제목으로 개봉된 미야자키 하야오의 애니메이션 영화는 원래 제목이 '모노노케 히메'였다. '모노노케(物の怪)'는 일본의 고전과 신화에 나오는 존재로 인간에게 빙의해서 사람을 괴롭히거나 병들게 하고 죽게 하는 원령(怨靈), 사령(死靈), 생령(生靈) 등 영혼(靈魂)을 의미한다. 이 말은 곧 공기와도 연결된다. 공기라는 말은 원래 숨, 호흡에서 비롯되었고, 사람과 사물, 자연에 깃드는 정령 등의 의미로 확대되어갔기 때문이다.

모노노케는 일본 사회의 종교적 특성과도 관련이 있다. 일본의 종교적 특징은 한마디로 애니미즘이다. 애니미즘은 모든 사물에 신이 깃들 뿐 아니라 언제 어디서나 내 곁에 머문다는 믿음이다. 이를 '임재성'이라고 하는데, 이것은 공기의 특징이기도 하다. 모든 곳에 언제나 존재하는 신비한 힘에 대한 이러한 믿음은 불가항력적인 것에 대한 저항을 쉽게 포기하고 개인들을 체제 순응적인 존재로 만드는 내재적 원인이 된다. 일본 역사에서 단 한 번의 체제 전환이 이루어지지 않은 까닭, 일본 사회가 정치의 세습을 쉽게 용인하는 이유, 아베 신조라는 기형적 정치인이 탄생한 배경 모두가 실은 일본 사회 전체를 암암리에 짓누르고 있는 공기의 압력 때문인지도 모른다.

일본이 이와 같은 공기의 지배에서 벗어날 수 있는 방법은 뭘까? 시치헤이는 '물'이 방법이라고 말한다. 물을 끼얹어서 팽창한 공기의 압력을 낮춰야 한다는 것이다. 여기서 물은 '통상성에 대한 깨달음' 같은 것이다. 하지만 일본은 그동안 스스로 끼얹을 물 한 바가지를 갖지 못했다.

"일찍이 메이지 시대에 우치무라 간조가 그 위험을 경고한 바 있지만, 아쉽게도 우리 일본인은 아직까지 새로운 '물'을 발견하지 못하고 있다. 새로운 물은 아무래도 전통적이고 일본적인 물의 바탕에 깔린 생각과 서구적인 대립 개념으로 파악한 것을 종합할 때 비로소 찾아낼 수 있으리라고 생각한다."

일본의 공기는 여전히 건재한 듯하다. 일본 사회는 아직도 물을 찾지 못한 듯하다. 그들은 참담한 후쿠시마원전 사고에도 불구하고 폐기는커녕 원전을 재가동하고 있다. 그런데 이해할 수 없는 사실은 또 있다. 원전 사고로 직접적 피해를 당한 후쿠시마 지역 주민들이 원전 재가동에 대해 높은 찬성률을 보였다는 점이다. 일본의 공기는 이토록 강하고 무겁다.

한 사회가 바뀌려면 공기가 달라져야 한다. 지역이나 문화에 따라 공기의 무게가 다를 수 있겠지만 더 나은 상태로의 변화는 거저 주어지지 않는다. 당장의 불편에 굴복하지 않으며 긴 시각을 가지고 꾸준한 노력을 기울일 때 무거운 공기를 거두고 필요한 물을 구할 수 있다.

말은 어떻게 칼이 되는가

내가 중학생 때 보던 《성문기본영어》 비교급편에 이런 문장이 있었다.

"The Pen is Mightier Than the Sword(펜은 칼보다 강하다)."

참 멋진 말이라고 생각했다. 멋진 글을 쓰면 세상도 멋져질 것이라고 생각했다. 펜으로 세상을 정의롭게 바꾸겠다는 야망에 들떴을 때였다. 문장 하나가 장래 희망에 '기자'라고 적게 했다.

홍성수 숙명여대 교수의 《말이 칼이 될 때》를 보며 30년 전 나를 흥분시켰던 저 문장을 생각했다. 순간 부끄러워졌다. '칼보다 강한 펜'을 꿈꿨으나 나의 펜은 그냥 칼이 되어버렸다. 의사의 손에 들려진 칼이 아니라 강도의 손에 들려진 칼. 나의 펜은 그런 칼이 된 것은 아닌가 하는 자괴감이 들었다. 그런 나를 반성하며 이 글을 쓴다.

1

2001년 3월 29일이었다. 한 화장품 광고에 나오는 여자 모델이 사실은 '트랜스젠더'라는 이야기를 듣고 인터뷰를 추진했다. 트랜스젠더라는 말도 생소하던 시절이었다. 합정동의 한 연예기획사 사무실을 찾아가서 그 여자 모델을 인터뷰했다. 다음 날 아침 신문에 '주민등록번호 790217-1xxxxxx. 그는 여자다'로 시작하는 기사를 썼다. 그 기사로 하리수 씨가 언론에 처음으로 소개되었다.

17년 전 그 기사를 다시 찾아 읽어보니 낯이 뜨거워진다. 기사 전체에 성소수자에 대한 편견과 호기심이 덕지덕지 묻어 있다.

고맙게도 하리수 씨는 사회적 편견에 맞서 용감하게 싸웠고 마침내 트랜스젠더의 법적 인정 판결을 받아내는 등 한국 사회의 진보에 기여했다.

2

2009년 기동취재팀장 시절 '다문화가정'에 대한 기획 시리즈를 연재했다. 후배가 다문화가정 출신으로 연희초등학교 회장이 된 한 어린이를 인터뷰해왔다. 후배가 쓴 인터뷰 기사 속 어린이는 지극히 평범한 어린이였다. '다문화가정 아이'라고 할 때 떠오르는 어떤 그늘도 없었다. 후배한테 그런 그늘을 기사에 녹일 것을 지시했다. 다문화가정에 대한 편견을 없애자는 캠페인 기사를 쓰면서 정작 스스로 그들을 동정의 대상으로 바라본 것이다.

3년 후 이 어린이의 엄마가 우리나라의 첫 이민자 출신 국회의원이 되었다. 바로 이자스민 전 의원이다. 그는 일베(일간베스트) 등의 인격 모독적 공격에도 꿋꿋이 견디며 다문화가정과 이민자의 권리 확대에 힘을 보탰다.

3

2012년 4월 수원에서 끔찍한 살인 사건이 발생했다. 귀가하던 한 여성이 끌려가 성폭행을 당한 뒤 살해된 것이다. 처음 국민들의 분노는 경찰에게로 향했다. 피해 여성이 경찰에 "성폭행을 당하고 있다"고 전화로 신고까지 했으나 경찰이 제대로 대응하지 못했다는 사실이 드러났기 때문이다.

하지만 범인 오원춘이 조선족이라는 사실이 알려지면서 언론 보도의 방향이 바뀌기 시작했다. 모든 원인을 조선족의 문제로 돌리기 시작한 것이다. 오원춘이 몽골에서 도축 일을 했다는 사실까지 가져다가 토막 살인의 원인으로 삼고, 조선족들이 상습적으로 장기 밀매를 한다는 것까지 더해 그들을 흉포한 집단으로 그렸다. 나 역시 후배들에게 '조선족에 의한 흉악범죄' 사례들을 발굴하고 조선족 범죄를 막을 수 있는 방안에 관한 기획 기사를 준비하도록 지시했다.

〈황해〉, 〈범죄도시〉 같은 영화에서 그려지는 '중국 동포'의 모습은 이런 언론 보도가 쌓여서 만들어진 것이다.

혐오의 온상

언론들은 평소에는 인권 확대를 옹호하고 소수자의 권리를 존중하는 듯하다가도 결정적인 순간 너무 쉽게 편견에 무릎을 꿇는다. 외부 압력이 있어서라기보다는 '선정적인 기사'를 위한 자발적 투항에 가깝다.

중학생 딸의 친구를 살해한 '이영학 사건'이 발생했을 때에도 언론은 이영학과 그 중학생 딸이 갖고 있었던 '장애'에 집중했다. 그의 정신적 문제, 성적인 일탈행위 등 모든 원인을 장애로 돌려버린 것이다. 일종의 혐오표현이라고 할 수 있다.

이러한 언론의 보도 태도는 소수자에 대한 편견을 확대하고 차별을 당연한 것으로 받아들이게 만드는 것은 물론이고 더 나아가 문제의 올바른 해결까지 방해한다. 올바른 진단이 없으니 올바른 해법도 없는 것이다. 결국 그 피해는 소수자에게만 머물지 않고 모두에게로 향한다.

소수자나 약자에 대한 혐오는 편견에서 자란다. 사람의 생각 속에서 자란 혐오의 감정이 말과 행동으로 표현되는 것이 혐오표현이고, 혐오표현은 구체적인 차별 행위로 이어질 가능성이 높다. 이와 같은 행위들을 철저히 차단하지 않으면 증오 범죄를 야기할 수 있으며, 히틀러의 유대인 학살 같은 집단학살로 발전할 위험도 있다. 막을 방법은 뭘까?

편견은 표현되지 않는 이상 이를 제지할 방법이 없다. 문제는 혐오표현이다. 혐오표현을 어떻게 처벌하고 궁극적으로 방지하느냐가 중요하다. 홍성수 교수는 2가지 방식을 제시한다. 하나는 유럽식이고 하나는 미국식이다.

유럽 국가들은 주로 '혐오표현금지법'을 도입해 혐오표현 자체를 법으로 제지하는 방식을 택하고 있다. 여기에는 나치와 홀로코스트라는 역사적 경험이 크게 작용했다. 미국은 혐오표현을 법으로 금지하면 표현의 자유를 위축시킬 수 있다는 판단으로 혐오표현 자체는 법적으로 금지하지 않고 있다. 더 많은 표현과 더 좋은 사상으로 맞서는 것이 최고의 복수라는 믿음에다 혐오표현을 시민사회의 힘으로 퇴출시킬 수 있다는 역사적 자신감이 함께 작용하고 있기 때문이다. 혐오표현의 금지와 처벌은 제한하고 있지만, 차별시정기구인 평등고용기회위원회(EEOC)나 민사배상을 통해 혐오발언을 규제한다.

한국은 혐오표현 문제에서 세계적인 흐름에서 한참 비켜나 있다. 혐오표현에 관한 국가적인 차원의 조치가 전무할 뿐 아니라 소수자 인권 문제에 대한 논의는 오히려 퇴보하고 있다.

2017년 7월 김이수 헌법재판소장 후보자에 대한 국회의 인사청문회가 국회에서 진행될 때 보수적인 기독교단체가 의원들에게 전화를 돌렸다. 김이수 후보자가 동성애를 옹호하는 입장을 보이고 있다며 그를 낙마시키라고 압력을 행사한 것이다. 보수 기독교계는 선거 때마다 후보자들에게 동성애 반대, 차별금지법 제정 반대 등을 약속할 것을 요구한다. 정치인 어느 누구도 이런 압박에서 자유로울 수 없다. 이를 상징적으로 보여주는 장면이 19대 대통령 선거 후보자 토론회였다. 당시 홍준표 후보는 문재인 후보에게 "동성애에 반대합니까?"라고 물었고 문 후보는 "그럼요"라고 답했다.

찢어진 현수막을 붙여주세요

홍 교수는 혐오표현금지법이나 차별금지법 제정 같은 법적이고 상징적인 조치뿐 아니라 사회적인 연대의 힘으로 혐오표현을 막아야 한다고 말한다. 소수자들에게 '당신들 옆에 우리가 있다'는 메시지를 주는 동시에 혐오표현을 하는 사람이나 세력을 고립시키는 것이다.

서울대에서 있었던 일이다. 2016년 서울대 성소수자 동아리 큐이즈(QIS)가 '관악에 오신 성소수자, 비성소수자 신입생 여러분, 모두 환영합니다'라는 현수막을 교내에 붙였는데, 이 현수막이 일주일 후에 찢어졌다. 누가 일부러 훼손한 것이다. 동아리 학생들은 현수막을 다시 제작하는 대신 중앙도서관 앞에 찢어진 현수막을 걸어놓고 학생들에게 반창고로 붙여달라고 요청했다. 지지와 연대의 의사를 표명해줄 것을 요구한 것이다.

궁극적으로는 혐오표현을 '대남비방 삐라'와 같은 존재로 전락시켜야 한다. 예전에는 동네 뒷산에서 삐라만 보아도 겁이 덜컥 났을 뿐 아니라 경찰서에 신고해야 한다고 생각했다. 하지만 이제는 도심 한가운데에서 삐라가 대량으로 발견되어도 대수롭지 않게 여긴다. 삐라를 전혀 위협적이지 않을뿐더러 시대에 뒤떨어진 우스꽝스러운 물건으로 만든 것은 면역력이 강해지고 건강해진 우리 사회다. 이렇게 우리가 연대하면 혐오표현도 삐라처럼 만들 수 있다.

마사 누스바움 미국 시카고대 교수는 그의 저서 《혐오에서 인류애로》에서 "'인류애의 정치'란 존중과 상상력을 모두 포함하는 것"이라며

"모든 존중에는 반드시 상상력을 동원해 타인의 삶에 감정적으로 참여하는 능력이 포함되어야 한다"고 말했다. 다른 사람을 공평한 존엄성과 평등한 권리, 그리고 다양한 욕망을 가진 온전한 인격체로 바라봐야 한다는 얘기다. 건강한 연대의 시작이다.

대한민국 여성들은 속으로 운다

2017년 외무고시 여성 합격자는 전체의 70%였다. 9급 공무원시험 합격 비율도 54.5%로 역대 최다였다. 사법고시나 행정고시도 이미 여성 합격자 비율이 50% 선에 육박하고 있다. 이런 숫자들은 마치 우리 사회가 이룩한 '양성평등의 상징'으로 읽힌다. 하지만 오히려 그 반대다. 여성 차별이 얼마나 뿌리 깊고 공고한지를 보여주는 증거다.

공무원시험이나 자격시험은 차별에 시달리는 여성들의 도피처다. 객관적인 점수로 당락을 가르는 시험에서는 이미 여성들이 남성들을 압도하고 있는데, 주관적인 평가가 크게 작용하는 일반 기업의 신입사원들은 아직 남녀의 성비 차이가 크다. 공무원시험 여성 합격자 비율에서 대기업 여성 신입사원 비율을 뺀 숫자가 아마도 우리 사회의 객관적 차별지수일 것이다(은행의 경우 신입사원 남녀 비율은 7:3 정도다. 2016).

1982년에 태어난 여자 중 가장 흔한 이름이 '지영'이라고 한다. 소설 《82년생 김지영》은 그래서 1982년생 여자들의 가장 보편적인 이야기다. 학교 다니고, 취직하고, 결혼해서 애를 낳아 키우면서 어떤 명백한 차별을 당했는지, 어떤 은밀한 차별을 겪었는지, 어떤 보이지 않는 상처를 안고 살아가는지 이 소설은 보여준다. '김지영'이라는 이름만큼 소설로서 보편성을 얻는 데 성공했다.

눈에 띄는 형식적 차별은 크게 줄었다고 한다. 하지만 김지영 씨는 결코 그렇지 않다고 이야기한다.

"세상은 참 많이 바뀌었다. 하지만 그 안의 소소한 규칙이나 약속이나 습관들은 크게 바뀌지 않았다. 그래서 결과적으로 세상은 바뀌지 않았다."

"나도 선생님 되고 싶었는데"

김지영 씨가 국민학교 때 담임 선생님이 일기장에 적어주신 메모를 보고 엄마는 이렇게 속삭인다. 김지영 씨는 말도 안 되는 소리 같아 웃어버렸지만 엄마는 "진짜야, 국민학교 때는 오남매 중에서 엄마가 제일 공부 잘했다"고 한다. 그래, 엄마에게도 꿈이란 것이 있었다.

어쩌면 대한민국의 눈부신 근대화와 산업화는 누군가의 희생 위에 쌓아 올린 성채다. 장남의 대학 진학과 성공을 위해 딸들은 어린 나이에 봉제공장으로 내몰리기도 하고, 남의 집에서 식모살이를 하기도 했다. '장남 중심주의'는 가정 경제에만 작동한 원리가 아니라 대한민국 근대화의 작동 원리였다. 기업 발전을 위해 노동자는 희생을 감수해야 했고, 대기업은 하도급업체를 쥐어짜서 성장의 기름으로 삼았다. 이 모든 희생이 가능했던 것은 '장남이 성공해야 집안을 세울 수 있다'는 믿음과 약속 때문이었다. 하지만 믿음은 배반되었고 약속은 지켜지지 않았다.

"어느 순간부터 어머니는 외삼촌들과 거의 왕래하지 않는다. 충분히 각오하고 스스로 선택하지 않은 희생에 대한 후회와 원망은 깊고 길었고, 결국 그 응어리가 가족관계를 망쳤다."

"지영이는 모르는 것 같네? 짝꿍이 지영이를 좋아해"

국민학교 2학년 때 짝꿍이 김지영을 심하게 괴롭힌다. 선생님은 짝꿍을 혼내고 나서 지영이를 달래주면서 이렇게 이야기한다.

선생님의 이야기는 분명 잘못된 것이다. 선생님이 할 일은 지영이에게 이렇게 이야기하는 것이 아니라 남자아이에게 무엇이 문제인지, 자신의 감정을 어떻게 표현해야 하는지를 가르치는 것이다. 한국 남자들은 자기감정을 표현하는 방법을, 특히 여자에게 표현하는 방법을 교육받지 못했다. 선생님은 "남자애들은 원래 좋아하는 여자한테 더 못되게 굴고, 괴롭히고 그래"라고 이야기하지만 원래 그런 것은 아니다.

프랑스 실존주의 철학자 시몬 드 보부아르가 여자의 성을 사회적으로 만들어진 '제2의 성'이라고 했듯이 우리가 믿고 있는 '남성성'이라는 것도 사실은 사회적 훈육의 결과다. 한국 남자들의 노년이 유독 외로운 건 자신의 감정을 표현하고 나누는 법을 한 번도 배우지 못했기 때문이다. 여자들을 위해서가 아니라 남자 자신들의 삶을 위해서도 감정을 표현하는 법을 배워야 한다. 지영이 짝꿍이 감정 표현법을 제대로 배웠다면 지영이를 그렇게 괴롭히지 않았을 것이다.

"왜 치마는 그렇게 짧냐"

고등학생 때 어떤 남학생이 쫓아온다는 전화를 받고 나온 아버지는 김지영 씨를 혼냈다. 딸을 걱정하는 아버지 심정이야 이해하지만 이런 말이 남긴 상처는 오래간다. 분명 남자들 잘못인데 여자들은 책임을 내면화하는 습관을 갖게 되고 스스로 위축된다.

밤길에 위험한 상황에 빠져도 여자가 너무 늦게 다니기 때문이고, 아이를 갖지 못해도 오직 여자 쪽 문제일 뿐이고, 아이의 성적이 나빠도 엄마가 제대로 도와주지 못했기 때문이라고, 스스로 자책하도록 강요되어왔다.

위로는 버스에서 김지영 씨를 구해준 대학생 언니처럼 해야 한다. 학생의 잘못이 아니라고, 세상에는 이상한 남자가 너무 많고, 이상한 그놈들이 문제지 학생은 잘못한 게 없다고 이야기해줘야 한다. 그 대학생은 물론 이런 말도 덧붙였다.

"근데, 세상에는 좋은 남자가 더 많아요."

"나는 먼저 갈 테니까. 김지영 씨, 이거 다 마셔야 된다!"

홍보대행사 직원인 김지영 씨는 절대적 '갑'인 기업의 홍보부 회식에 불려간다. 홍보부장은 김지영 씨에게 술을 강권하며 성적인 '19금' 농담을 지껄인다. 그러다 딸의 전화를 받고 이런 이야기를 하면서 자리를 뜬다.

우리는 늘 이렇게 이중적이다. 자신의 딸은 어떤 위험에도 노출되지 않기를 바라면서, 어떤 차별도 받지 않기를 원하면서, 어떤 성적 모욕도 당하지 않기를 바라면서 사회에서 만나는 여자들에게는 함부로 대한다. 그것을 자신의 권력이라고 생각하고 뿌듯해한다. 지영 씨는 속으로 말한다.

"당신의 그 소중한 딸도 몇 년 후에 나처럼 될지 몰라. 당신이 계속 나를 이렇게 대하는 한."

"그래서 오빠가 잃는 건 뭔데?"

남편 정대현 씨는 김지영 씨에게 아이를 갖자고 말한다. 아이를 갖게 되면 생길 변화가 두려운 김지영 씨는 "잃는 것만 생각하지 말고 얻게 되는 것도 생각하자"고 말하는 남편에게 이렇게 되묻는다.

남자들은 출산이 여자들에게 어떤 변화를 가져오는지 감히 짐작도 못한다. 나 역시 그러하다. 여자들에게 출산은 어렵게 얻은 소중한 것들을 송두리째 내려놓아야 할지도 모를 무거운 선택이다. 반면 남자들에게 아이가 생긴다는 것은 책임감이 좀 더 커지는 것 정도의 변화를 의미할 뿐이다.

일하는 여자에게는 직장일도, 집안일도, 아이 돌보는 일도 모두 '자신의 일'이 되지만 남자에게는 직장일만 자신의 일이고 집안일이나 아이 돌보는 일은 '도와주는 일'일 뿐이다. 여자가 이 3가지 일 중 하나라도 못하면 '제대로 하는 것 하나도 없는 사람'이 되지만 남자가 집안일이나 아이 돌보는 일을 조금이라도 도와주면 '훌륭한 아빠', '자상한 남편'이 된다.

"그놈의 돕는다 소리 좀 그만둘 수 없어? 살림도 돕겠다, 애 키우는 것도 돕겠다, 내가 일하는 것도 돕겠다. 이 집 오빠 집 아니야? 왜 남의 일에 선심 쓰는 것처럼 그렇게 말해?"

"와, 좋겠다. 이제 늦게 출근해도 되겠네"

임신한 김지영 씨는 임산부를 배려하는 회사 정책으로 30분 늦게 출근할 수 있게 되었다. 이에 대해 남자 동료가 무심결에 이렇게 이야기한다. 김지영 씨는 홧김에 "늦게 출근할 생각이 없다"고 응수한다.

일하는 여자는 늘 이런 딜레마에 빠진다. 주어진 권리를 제대로 누리면 '날로 먹는 사람'이라는 뒷담화를 들어야 하고, 이런 소리를 듣지 않으려고 권리를 포기하고 악착같이 일하면 '독한 여자'라는 말을 듣는다. 출산, 육아로 인한 휴가와 휴직은 법으로 보장된 당연한 권리인데 '여자는 애 낳으면 끝'이라는 이야기를 듣지 않기 위해 이를 스스로 포기하면 자신의 권리뿐만 아니라 다른 동료들의 권리까지 침해하게 된다. '쟤는 포기하는데 너만 왜 그러느냐'는 분위기가 문화로 자리 잡는다.

'배달의민족'을 운영하는 기업 우아한형제들에는 '송파구에서 일 잘하는 11가지 방법'이라는 근무수칙이 있는데, 그중 하나가 '휴가를 가거나 퇴근 시 눈치 주는 농담을 하지 않는다'이다. 보장된 권리는 이유나 조건 없이 누릴 수 있어야 한다.

"맘충 팔자가 상팔자야"

김지영 씨는 유모차에 아기를 태우고 공원 벤치에 앉아 1,500원짜리 커피를 마시다가 '맘충'이라는 소리를 듣게 된다.

일부 이상한 사람만 전업주부에 대해 이렇게 생각하는 것이 아니다. 정부 정책마저 이런 생각에 뿌리를 두고 만들어지기도 한다. 2016년 7월부터 전업주부는 48개월 미만 아동을 어린이집에 하루 6시간 이상 맡기지 못하도록 했다. '맞춤형 보육'이라는 이름으로 실시되었지만,

그 속에는 전업주부들이 하루 종일 아이를 어린이집에 맡겨놓고 카페에서 커피 마시고 쇼핑하며 논다는 생각이 깔려 있다. 그런데 대한민국에서 그럴 수 있는 전업주부들이 얼마나 될까? 또 카페에서 커피 좀 마시고 그러면 안 되나? 여유 있게 책도 좀 읽고 자기계발도 하면 안 되나? 그게 여성의 경력단절을 줄이고, 경제활동 참여율을 높이고, 궁극적으로 출산율을 높이는 방법 아닐까?

더 이상 여자라는 이유로, 주부라는 이유로 고통을 감수하는 일은 사라져야 한다. 가야 할 길이 멀지만, 지금 우리가 한 걸음을 뗄 수 있다면 그리 요원한 일도 아니다.

찍벌남은 페미니스트가 될 수 있을까?

'책은 읽어서 뭐하나?'

이런 자괴감이 몰려든 것은 안희정 전 충남지사 때문이었다.

충청남도청사 5층 복도 '도지사가 추천하는 책' 코너에는 안 전 지사가 추천한 2권의 책이 놓여 있었다. 한 권은 미국 작가 스테퍼니 스탈의 《빨래하는 페미니즘》이고, 한 권은 레베카 솔닛의 《여자들은 자꾸 같은 질문을 받는다》이다. 모두 페미니즘 명저로 꼽히는 책이다.

이뿐 아니다. 안희정은 진짜 페미니스트처럼 행동했다. 그의 저서 《콜라보네이션》은 "2016년 1월 여성과 소수자 관점에서 도정을 재점검하기로 했다", "인권과 여성 문제는 강물이 바다로 나아가듯 인류 역사가 흘러 도착한 곳이다"와 같은 멋진 표현으로 가득하다. 그는 자신의 성폭행 사실이 폭로되던 당일 낮에도 '미투(Me Too)운동'을 지지하는 강연을 했다.

쩍벌남의 심리

지하철에서 다리를 쩍 벌리고 앉아 있는 남자들을 볼 때면 이런 생각이 든다.

'저 사람들이 입사 면접관 앞에서는 어떤 자세로 앉을까?'

아마도 다리를 있는 힘껏 오므리고 앉을 것이다. 오므리는 힘의 크기는 지하철에서 다리를 쩍 벌린 각도에 비례할 것이다. 그들은 분명 권력관계에 예민하고 권력관계에 따라 행동 방식을 정하는 종류의 인간들일 테니까.

회사생활을 하면서도 그런 사람들을 많이 본다. 아랫사람에게 함부로 대하는 사람일수록 윗사람들에게 아부를 잘한다. 그들 역시 권력관계에 예민하니까 그렇다. 성폭행 가해자들도 이런 지하철 쩍벌남들의 습성과 비슷하다. 자신보다 힘의 크기가 작은 존재 앞에서 다리를 벌리듯 성적 폭력을 행사한다.

성적 폭력에는 이중의 권력관계가 작동한다. 하나는 상하 권력관계이고, 하나는 젠더(gender) 자체에 내장된 권력관계다. 상사와 부하, 남자와 여자 사이에서 작동하는 권력이 폭력의 형태로 그 모습을 드러내곤 한다. 이나영 중앙대 사회학과 교수는 이에 대해 "우리가 인지하고 있는 성별은 이미 존재하는 권력관계의 효과이며 새로운 권력관계를 생성하는 원인"이라고 지적했다.

2015년, 미국의 페미니스트 운동가인 로절린 벅샌덜이 죽었을 때 시카고의 비영리 정치시사 전문 출판사인 헤이마켓북스는 추모의 관용구 'R.I.P(Rest In Peace)' 대신 'Rest In Power'로 그의 삶과 죽음을 기렸다. 남녀평등의 실현은 젠더에 내장된 권력관계의 종식(Rest in Power)이라는 점을 표현한 것이다. 민주주의와 인권을 최고의 가치로 생각하는 진보세력 내부에서 성범죄가 반복되는 배경에도 '이중의 권력관계'가 놓여 있다. 그들도 젠더 자체에 내장된 권력관계를 극복하지 못했기 때문이다.

젠더에 내장된 권력관계를 끝내려면 우리 모두 페미니스트가 되어야 한다.

나이지리아 출신의 소설가 치마만다 응고지 아디치에의 《우리는 모두 페미니스트가 되어야 합니다》는 세계 최고의 성평등 국가인 스웨덴 청소년의 성평등 교육 교재로 활용될 만큼 좋은 평가를 받는 책이다. 가장 큰 미덕은 페미니스트에 대해 부정적인 인식을 가진 사람들조차 거부감이 들지 않게 친절하게 페미니즘의 세계로 안내한다는 점이다. 스웨덴에서 이 책을 청소년의 필독서로 선정한 이유도 여기에 있을 것이다.

아디치에가 친구에게 페미니스트라고 고백했을 때 그 친구는 "스스로를 페미니스트로 일컫는 것은 남자를 미워한다는 뜻"이라고 대답했다. 이것이 어쩌면 대부분의 남자들이 페미니스트에 대해 가지고 있는 이미지일 것이다.

"페미니스트는 남자를 싫어하고, 브래지어도 싫어하고, 아프리카 문화를 싫어하고, 늘 여자가 우위에 있어야 한다고 생각하고, 화장을 하지 않고, 면도도 하지 않고, 늘 화가 나 있고, 유머감각이 없고, 심지어 데오도란트도 안 쓴다는 거지요."

하지만 아디치에는 당당하게 페미니스트라고 밝혀야 할 뿐 아니라 모두가 페미니스트가 되어야 한다고 주장한다. 그에게 페미니스트는 '나는 민주주주의자다', '나는 인종차별주의자가 아니다'와 같은 무게감을 지니는 말이기 때문이다.

남녀차별 의식은 우리의 말 속에도 뿌리 깊게 자리하고 있다. 예를 들어 남자와 여자가 "가정의 평화를 위해서 그랬어"라는 말을 했을 때 남자가 이 말을 하는 의미와 여자가 이 말을 하는 의미는 전혀 다르다.

"남자들이 그 말을 할 때는 보통 어차피 해서는 안 되는 무언가를 포기한 경우입니다. 남자들은 짐짓 부아가 난 척하면서, 사실 궁극적으로는 자신의 남성성을 증명해 보이기 위해서, 친구들에게 이렇게 말합니다. '아, 우리 마누라가 매일 밤 클럽에 가는 건 안 된다고 하잖아. 그래서 이제 가정의 평화를 위해서 주말에만 가기로 했어.' 반면에 여자들이 '가정의 평화를 위해서'라고 말할 때는 보통 직장이나 경력이나 꿈을 포기한 경우입니다."

여자로 태어난 죄?

2017년 들어 미투운동이 곪은 상처 터지듯 뒤늦게 일어난 이유는 무엇일까? 남자로부터 성폭행을 당했을 때도 그 책임을 '여자'에게 돌리는 사회적 분위기에 피해자들이 억눌려왔기 때문이다. 이런 사회적 분위기는 우리가 그동안 여자들에게 수치심과 죄의식을 가르쳐왔기 때문에 형성되었다.

"우리는 여자아이들에게 수치심을 가르칩니다. 다리를 오므리렴, 몸을 가리렴. 우리는 여자아이들에게 여자로 태어난 것부터가 무슨 죄를 지은 양 느끼게끔 만듭니다."

아이 때만 그러는 것도 아니다. 커서도 여자들에게 자신을 움츠리라고, 자신을 위축시키라고 가르친다.

"우리는 여자아이들에게 이렇게 말합니다. 야망을 품는 것은 괜찮지만 너무 크게 품으면 안 돼. 성공을 목표로 삼아도 괜찮지만 너무 성공해서는 안 돼. 그러면 남자들이 위협을 느낄 테니까. 설령 남자와의 관계에서 네가 가장 노릇을 하더라도, 사람들 앞에서는 특히 그렇지 않은 척해야 해. 안 그러면 남자가 기가 죽을 테니까."

그런 교육과 문화 안에서는 여자뿐 아니라 남자도 피해자다. 여자와의 데이트 비용을 내야 한다는 부담감, 여자를 리드해야 한다는 압박감, 결혼할 때 살 집은 남자 쪽에서 준비해야 한다는 중압감, 식구를 먹여살려야 한다는 책임감 등등 사회가 요구하는 남자다움이 남자를 불행하게 만든다.

남자와 여자 모두가 행복해지기 위해서는 남녀 모두 페미니스트가 되어야 한다. 그래서 아디치에가 생각하는 페미니스트는 이런 것이다.

"남자든 여자든 '맞아, 오늘날의 젠더에는 문제가 있어, 우리는 그 문제를 바로잡아야 해, 우리는 더 잘해야 해'라고 말하는 사람이라고

요. 여자든 남자든, 우리는 모두 지금보다 더 잘해야 합니다."

셰프 세계의 '권력'

세계적으로 유명한 셰프들은 대부분 남자다. 가정에서는 대부분 여자들이 부엌을 지키고 있는데 유명 레스토랑의 주방은 남자들이 점령하고 있다. 이를 두고 "원래 남자가 요리를 더 잘한다"고 주장하는 이들도 있다. 이것은 사실이 아니다. 요리는 남자가 더 잘하지도 여자가 더 잘하지도 않는다. 요리에 재능이 있는 사람이 있고 재능이 없는 사람이 있을 뿐이다.

같은 요리의 세계에서 일을 하더라도 남자들은 셰프가 되고 여자들은 주로 요리연구가나 푸드스타일리스트가 된다. 그것은 남자와 여자의 역할이 유전자에 의해서가 아니라 사회적으로 결정되기 때문이다. 셰프는 권력관계 속에서 일을 한다. 직접 요리를 하기보다 권력을 쥐고 다른 사람들을 지휘하는 것이 셰프의 주요 역할이다. 반면 요리연구가는 혼자서 요리를 개발하고 푸드스타일리스트는 다른 사람의 요청에 따라 일을 한다. 요리의 세계에서 활동하는 여자가 셰프가 되지 못하는 것은 다른 분야에서 여자가 고위직에 오르지 못하는 것과 같다. 사회적으로 제도적으로 여자가 권력을 쥐는 것을 방해하기 때문이다.

남자와 여자의 역할을 결정하는 것은 유전자가 아니라 사회와 문화다. 사회와 문화를 만드는 것은 바로 우리 사람들이기 때문에 우리가 노력하면 얼마든지 이 사회를 양성평등 사회로 만들 수 있다.

“문화가 사람을 만드는 것이 아닙니다. 사람이 문화를 만듭니다. 만일 여자도 온전한 인간이라는 사실을 인정하는 것이 정말 우리 문화에 없던 일이라면, 우리는 그것이 우리 문화가 되도록 만들어야 합니다. 그리고 우리는 그렇게 만들 수 있습니다.”

그 시작은 잘못 형성된 시각을 바꾸어 남자와 여자를 똑같은 사람으로 바라보는 것이다.

정의는 '포기'할 때 살아날 수 있다

나는 대법원 판결들이 늘 마뜩잖다. 판결문에 온갖 법리들을 가져다 붙이지만 결국은 현실에 대한 영향을 최소화하기 위한 어색한 봉합이거나 이미 사회적 변화의 방향이 결정난 일에 대한 뒤늦은 추인인 경우가 대부분이기 때문이다. 바람이기보다는 바람에 눕는 풀이다.

여성으로 성전환한 트랜스젠더가 똑같이 강간을 당했는데, 1996년 대법원 판결에서는 강간죄가 성립되지 않았다가 2009년 판결에서는 강간죄로 인정되었다. 시민들의 의식이 변화한 후에 법원이 이를 뒤늦게 법적으로 추인한 것이다. 또 종손이 제사 주재자가 된다는 관습법이 헌법 원리에 반하므로 무효라고 판결해놓고는 돌아가신 아버지의 유해는 장남에게 넘겨야 한다는 판결을 내리기도 했는데, 이는 어색한 봉합에 다름 아니다.

대법원의 판결이 왔다 갔다 하는 이유는 사회적 통념을 바탕으로 한 법체제의 안정성을 지켜내야 하는 사법부의 태생적 한계 때문이다. 안정을 택할 것인지, 변화를 인정할 것인지, 법률의 형식을 따를 것인지, 법이 의도한 실질을 좇을 것인지에 따라 판결이 달라진다. 어쩌면 대법원의 숙명적 과제인지도 모른다.

김영란 전 대법관도 《판결을 다시 생각한다》라는 책에서 이런 고민을 털어놨다.

"형식을 무시하고 실질을 들여다본다는 것은 법률의 자의적인 적용을 불러올 수 있으므로 그만큼 위험할 수도 있다. 그러나 형식을 가장해 추구하는 실질이 명백히 드러난 경우에까지 형식주의만을 추구하는 것은 무슨 의미가 있는가."

최고 법원의 구성은 그 사회의 가치와 이념의 지형을 대표한다. 엄격히 말하면 사회의 가치와 이념 지형의 변화에 후행하면서 궁극적으로 그 지형을 완성한다. 따라서 민주주의의 완성은 다양한 가치를 반영하는 대법원의 구성으로 완성되는 것일지도 모른다. 그런 의미에서 우리의 민주주의는 아직 미완이다. 우리 사회의 가치와 이념 지형을 대표해야 할 대법원의 구성이 지나치게 획일적이기 때문이다.

이용훈 코트의 교훈

노무현 대통령은 우리 사회의 다양한 가치들을 반영할 수 있도록 대법원의 구성을 다양화하는 것을 중요한 개혁 목표로 삼았다. 이를 위해 이용훈 대법원장을 임명했고 뒤이어 김영란, 박시환, 전수안, 김지형, 이홍훈을 대법관으로 임명했다. '독수리 오남매'로 불리는 비교적 진보 성향의 대법관들이 임명되면서 '이용훈 코트'는 우리 사회의 다양한 가치들을 반영하려고 노력했다.

권석천 기자는 《대법원, 이의 있습니다》라는 책에서 이용훈 코트가 그려낸 풍경과 그 안에서 벌어진 열띤 논쟁을 풀어냈다. 책의 결론은 '이용훈 코트는 논쟁의 콜로세움'이라는 것이다. 판결 자체도 중요하지만, 그 판결에 이르기까지 치열한 논쟁을 거쳤다는 사실에 주목하면서 논쟁 과정 자체에 큰 의미를 부여한다.

"입장과 입장이 격렬하게 부딪히고 깨지면서 한국 사법부 역사에서 처음으로 '입장의 다양성'을 실험했기 때문이다. 그것이 이용훈 코트가 남긴 위대한 이정표일 것이다."

물론 여기에는 이용훈 대법원장의 의지가 강하게 반영되었다. 이 대법원장은 각하냐, 기각이냐, 파기냐를 떠나 전원합의체의 판결이 사회에 기준을 제시하는 데 의미가 있다고 보았다. 그래서 전원합의를 하다가도 소수 의견을 적극적으로 피력할 것을 요구하고, 소수의견을 써 볼 것을 권유하기도 했다. 법률을 왜 그렇게 해석했는지를 입체감 있게 설명하려면 다수 의견과 함께 소수 의견도 있는 편이 낫다고 생각했다. 다수 의견이 살아 있는 법이라면 소수 의견은 앞으로 사회가 나아갈 방향을 보여주는 것이라고 생각한 것이다. 그는 이렇게 말했다.

"소수 의견이 있어야 모양이 좋다는 차원이 아니다. 대법원은 논의의 장을 열어주는 역할도 해야 한다."

이용훈 대법원장은 재임 중 지방법원을 돌며 법원과 법관의 역할에 대한 자신의 생각들을 솔직하게 밝혔다. 당시 보수 언론들은 이를 주로 '법원과 검찰 간의 갈등'이라는 프레임으로 보도하고 논란을 키웠지만, 이 대법원장 연설의 핵심은 공판중심주의와 사법부 독립에 대한 호소였다. 예를 들어 이런 내용들이다.

"(민사)재판이 제대로 된 모습을 갖추려면 판사들이 아예 검찰의 수사 기록을 던져버려야 한다. 그동안 법원은 수사기관의 조서로 유무죄를 확정해왔는데, 검사들이 밀실에서 받은 조서가 어떻게 공개된 법정에서 나온 진술보다 우위에 설 수 있느냐. 앞으로는 법정에서 국민을 설득해야 한다."

"판결문을 쓰는 데 시간을 보낼 것이 아니라 법정에서 재판을 길게 하고 판결문을 간단하게 써라. 중요한 것은 결론이 그렇게 나올 수밖에 없다는 것을 재판 과정에서 납득시키려는 노력이다. 긴 판결문 받아보려고 재판받는 사람이 어디 있느냐."

이때 언론은 "수사 기록을 던져버려야 한다"는 주장만 확대해 갈등을 부추겼을 뿐 '구술주의'의 중요성에는 전혀 주목하지 않았다.

이 대법원장은 단지 말에만 그치지 않고 민사소송규칙 제28조 2항에 "법원은 변론에서 당자사에게 중요한 사실상 또는 법률상 쟁점에 관하여 의견을 진술할 기회를 주어야 한다"는 규정을 넣어 당사자의 참여권과 구술권을 명확하게 보장했다. 하지만 이 같은 법원의 공판중심주의와 구술주의는 이 대법원장의 퇴임 후 다른 개혁 조치들과 함께 후퇴했다.

법원 판결에 의한 사회 변화는 행정부의 주도로 이루어지는 변화보다 비록 속도는 느리지만 더 단단하다. '판례'라는 이름으로 변화의 방향을 되돌릴 수 없도록 매듭을 짓기 때문이다. 이용훈 대법원장과 독수리 오남매 시절 대법원의 성공과 실패도 그런 면에서 의미가 크다. 이들이 오른 지점이 혹은 주저앉은 지점이 새로운 도전을 위한 베이스캠프가 될 것이기 때문이다.

사법 개혁의 길

문재인 대통령이 야당의 반대에도 불구하고 김명수 대법원장을 임명한 것은 이용훈 코트가 멈춰 섰던 자리에서 사법 개혁을 위한 등정을 시작해줄 것을 바랐기 때문이었을 것이다. 권석천 기자도 이와 맥을 같이하는 뜻을 피력했다.

"대통령 노무현이 서 있던 자리에 이제 대통령 문재인이 서 있다. 우리법연구회가 있던 자리에 국제인권법연구회가 있다. 검찰도 그때 그 자리로 돌아와 있다. 이 지독한 기시감 속에서 개혁이 어떻게 제 갈 길을 찾아갈지 집요하게 지켜봐야 한다. 그 과정에 이용훈 코트의 경험이 도움을 줄 것이라고, 나는 믿는다."

그런 의미에서 이용훈 대법원장과 독수리 오남매의 대법관직 퇴임사를 음미해볼 필요가 있다. 그들의 퇴임사는 그들의 개혁이 멈춘 자리에서 쓰였기 때문이다.

먼저 전수안 대법관. 그는 퇴임사에서 전설적인 산악인 라인홀트 메

스너를 묘사한 작가 김훈의 글을 인용했다.

"그는 자신과 싸워서 이겨낸 만큼만 나아갈 수 있었고, 이길 수 없을 때는 울면서 철수했다."

사법 개혁의 지난함과 그래도 포기할 수 없다는 뜻이 고스란히 담겨 있다.

박시환 대법관은 대법원 구성의 다양성을 주장했다.

"다수의 이익과 행복을 좇아 결론 내리는 것은 어쩔 수 없는 일이겠지만 그 과정에서 소수자, 소외된 자, 약자의 행복이 그 대가로 지불되도록 해서는 안 된다는 점을 꼭 기억해주시기 바랍니다. 소수자, 약자의 아픔에 귀를 기울이기 위해서는 소수자, 약자의 처지에 공감을 하는 분들이 법관 속에 포함되어 있어야 하고, 특히 최고 법원을 구성하는 대법관은 반드시 다양한 가치와 입장을 대변하는 분들로 다양하게 구성되어야 함을 다시 한 번 강조하고 싶습니다."

그런가 하면 김지형 대법관은 법관의 독립을 강조했다.

"법관의 독립은 생명과 같습니다. 이것을 잃으면 생명을 잃는 것이니 법관은 스스로 이를 지켜내야 합니다. 그러나 법관의 진정한 독립은 법관이 외로이 법과 정의를 제대로 선언하는 책무를 다할 때 지켜낼 수 있다는 생각도 잊지 말아야 합니다."

권석천 기자는 "정의는 명사가 아니다. 살아 움직이는 동사다"라고 썼다. "멈추지 않는 한 실패하지 않는다"는 어느 셰르파의 말을 같은 맥락으로 읽어도 좋을 것이다. 정의 실현이라는 목표를 향한 끝없는 등정으로서의 사법 개혁 말이다.

고 한기택 판사는 생전에 우리법연구회 홈페이지에 사법 개혁 등에 대한 자신의 생각을 글로 남겼다. 그의 글을 읽어보면 사법 개혁의 본질이 담겼다는 생각이 든다. 그중 한 예다.

"진부한 이야기이고 비합리적인 주장이기도 하지만, 저는 우리가 포기함으로써만 가능하다고 생각합니다. 나는 '그 무엇'이 되고 싶다는 생각만 포기할 수 있으면 개인적으로 평정권자에게 예속될 이유가 없습니다. 내가 관료화할 이유도 없습니다. 물론 구조적으로는 말도 안 되는 주장이지요. 그러나 그것만이 우리 사법부가 살 길이라고 생각합니다."

이기심이 공동체에 기여하게 하려면

2차 세계대전 당시 미국 공군은 전투기의 안전성을 높이기 위해 철갑을 덧대려고 했다. 그런데 문제가 있었다. 전투기 전체에 철갑을 두르면 무거워져서 기동성이 떨어지기 때문에 어디를 보강할지 결정해야 했다. 공군은 통계에 의존했다. 전투에 참여한 전투기들에 뚫린 총알 구멍 개수를 조사해 총알을 가장 많이 맞은 곳에 철갑을 두르려고 한 것이다.

통계연구그룹 SRG에 소속되어 있던 수학자 아브라함 발드는 이에 반대했다. 발드는 거꾸로 "총알구멍이 없는 곳을 철갑으로 보강해야 한다"고 주장했다. 통계상으로 총알구멍이 없는 곳이 전투기 안전에서 가장 중요한 지점이라는 것이 그의 논리였다. 그곳을 맞은 전투기는 추락해서 아예 돌아오지 못했기 때문에 통계에도 잡히지 않았다며, 그래서 정말로 철갑으로 보강해야 할 지점은 통계가 보여주지 않는 곳이라고 했다. '총알구멍'이라는 부분적 문제에만 집중하면 '비행기 안전'이라는 전체를 보지 못하는 맹점이 생길 수밖에 없다. 발드의 주장은 받아들여졌다.

진보는 퇴보를 대가로 치른다

자본주의 발전의 비결은 분업화에 있다. 국가는 국가대로, 지역은 지역대로 비교우위를 특화해서 시장을 통해 이를 교환했고, 개인 역시 교환가치를 증명해야 생존이 가능해졌다. 분업화는 산업 발전의 원동력이 되었고 산업이 발전할수록 분업은 더욱 세분화되었다. 이를 통해 인류는 무인자동차와 인공지능까지 만들 수 있는 수준으로 눈부시게 발전했다. 반면에 개인 혼자의 힘으로는 작은 나사못 하나 만들 수 없게 되었다. 산업화 이전에는 전체의 힘을 합쳐도 라디오 하나 만들 수 없었지만 개개인은 자기 완결적인 노동을 할 수 있었는데 말이다.

'여행하는 인문학자' 공원국은 이를 일컬어 "진보와 퇴보는 언제나 동시에 일어난다"고 표현했다. 그는 "진보는 명시적이고 크지만 부분적이며, 퇴보는 작더라도 전체적이다. 커다란 기술 진보 한 조각을 얻음으로써 육체와 영혼의 모든 영역에서 세세한 퇴보를 대가로 치른다"고 지적했다.

분업화는 산업 분야에서만 작동한 원칙은 아니었다. 학문 분야에서도 '전문화'의 이름으로 분업화가 진행되었다. 분과학문체계가 자리 잡으면서 전문성이 깊어졌지만 전체를 조망하는 능력은 떨어지게 되었다. 그 결과, 학문의 세계에서 아이작 뉴턴이나 알베르트 아인슈타인, 칼 마르크스, 애덤 스미스 같은 대가들의 시대는 이제 끝나버렸다. 시대가 패러다임을 바꾸거나 세상에 대한 새로운 해석을 내놓는 대가들의 가치를 인정해주지 않기 때문이다. 아니, 교육체계가 이미 그런 대가들을 키워낼 수 없는 상태가 되었다. 현대의 분과학문은 대가는 고사하고 균형 잡힌 지성인과 지식인을 길러내는 데 실패했으며, 대신 특별한 능력만 비대칭적으로 웃자란 전문가들만 양산하고 있다. 그래서 우리는 모두 경제적으로 높은 가격이 매겨진 푸아그라만 비정상적으로 키운 거위 신세인지도 모른다.

진보와 퇴보가 언제나 동시에 일어나듯 세분화된 전문성은 위험성을 낳기도 한다. 미국 수학자 존 폰 노이만은 1947년에 쓴 '수학자'라는 글에서 이렇게 경고한 바 있다.

"수학 분과가 경험의 원천으로부터 멀어질수록, 더구나 '현실'에서 얻은 개념을 간접적인 영감으로만 여기는 2세대, 3세대 수학자들이 나타난다면 수학은 중대한 위험에 시달리게 된다. 달리 말해 경험의 원천으로부터 대단히 멀어지거나 '추상적' 근친교배를 지나치게 겪은 수학 주제는 퇴락할 위험이 있다."

2008년 글로벌 경제위기는 경험의 원천에서 멀어진 수학자들이 빚은 참사였다. 현실에서 너무도 멀어진 수많은 파생금융상품들은 수학자들의 간접적 영감과 자본의 탐욕이 결합된 추상적 근친교배의 산물이었다. 그러니까 분업화되어 경험의 원천에서 멀어진 수학자들은 자신들이 만들어낸 논리 구조가 현실에서 어떤 비극을 초래할 줄 몰랐고, 또 어떤 비극이 발생하더라도 개의치 않게 되었다.

존 H. 밀러 교수는 이러한 분업화의 한계 혹은 전문성이 낳은 위험성으로 새로운 과학이 태동하고 있다고 말한다. 그는《전체를 보는 방법》이라는 책에서 "기존 과학은 1600년대 후반에 개발된 수학 등을 도구로 사용하는데, 지금까지도 많이 사용하는 이 수학의 각 부분이 과학 분야의 경계를 만든다. 반면 새로운 과학은 그 경계를 벗어나 모델링하는 데 주요 역할을 하는 컴퓨터와 같은 새로운 연구 도구와 연구 방법을 끌어안는다. 더 근본적으로 새로운 과학은 사물을 가장 작은 요소로 쪼개서 이해하는 전통적인 개념에 도전한다"고 주장한다. 이 책의 원제인 'A crude look at the whole'에서 crude look은 자세히 보는 것이 아니라 대충 쓱 보는 것을 의미한다. 대충 쓱 전체를 보는 방법의 중요성을 강조한다.

밀러 교수는 금융 붕괴, 기후변화, 테러, 전염병, 혁명, 사회적 변화와 같이 전 세계적인 규모의 사회문제를 예로 들면서 "이 중 어느 하나도 특정 학문 분야에 들어맞지 않는다. 딱 들어맞는 학문 분야가 있다 하더라도 환원주의 접근법으로는 전체를 이해할 수 없다"고 말하며, 상호작용, 피드백, 이질성, 소음, 집단지성 등 복잡계를 지배하는 핵심 원리 10가지를 통해 전체를 파악하고 맥락을 이해할 수 있는 방법을 제시한다. 그중 몇 가지를 여기에 소개한다.

안정적인 집단은 이질적이다

꿀벌이 모여 사는 벌집 안은 늘 34도의 온도를 유지한다고 한다. 온도를 조절하는 장치는 바로 꿀벌들의 날갯짓이다. 바깥 온도가 내려가서 벌집 안 온도가 34도 아래로 내려가면 일벌들이 서로 밀집해 날개를 빠르게 움직여 열을 내는 방식으로 실내 온도를 높인다. 반대로 바깥 온도가 올라가서 벌집 안 온도가 34도보다 상승하면 일벌들이 서로 멀리 떨어져서 날개로 부채질해 공기의 흐름을 바꿔 온도를 낮춘다.

그런데 벌집을 구성하는 꿀벌들이 동질적인 집단인가, 이질적인 집단인가에 따라 온도 변화의 안정성에 차이를 보인다고 한다. 상식적으로 동질적 집단으로 이루어진 벌집의 온도 변화가 안정적일 것 같지만 오히려 반대다. 동질적 집단의 경우 모든 벌들이 동일 온도에 반응하도록 유전적으로 맞춰져 있기 때문에 동시에 날갯짓을 해서 온도가 급격하게 올라갔다 내려갔다를 반복한다. 반면 이질적인 벌들로 구성된 벌집의 벌들은 온도에 순차적으로 반응해 온도 변화가 완만하고 안정적이다. 그렇기 때문에 벌집 안의 온도가 더 엄격하게 관리되고 결과적으로 더 성공적으로 알을 키우게 된다.

흔히 한국 사회를 '냄비 같다'고 한다. 급격하게 끓어올랐다가 금세 식어버리며 냉탕과 온탕을 반복한다. 어쩌면 한국 사회의 높은 동질성이 안정성의 위험 요소인지 모른다. 다른 집단을 받아들이고, 다른 생각을 인정하고, 다른 가치를 존중할 수 있는 사회가 되어야 한다. 꿀벌이 가르쳐주는 지혜다.

GE에서 시작된 식스시그마(Six Sigma)는 한때 가장 성공적인 경영모델로, 제조공정의 불량을 제거하는 품질관리운동을 의미한다. 하지만 GE의 식스시그마는 결국 실패했다. 불량을 줄이기 위한 식스시그마 시스템은 상품을 생산하는 과정에서 오류를 피할 때는 유용했지만, 새로운 것을 발견하고자 할 때는 소용이 없었기 때문이다. 획일성의 폐해는 이처럼 크다.

정상에 오르고 싶다면 내리막을

내리막을 내딛는 것은 한 치 앞도 안 보이는 안갯속에서 산을 오르는 것과 같다. 봉우리에 올랐는데 사방이 내리막이면 그곳을 산 정상이라고 판단할 수 있다. 식스시그마 원리에 따르자면 그곳에서 멈춰야 한다. 내리막이라는 오류를 범해서는 안 되기 때문이다. 하지만 정상이 아니라면?

산 정상을 정복하기 위해서는 내리막이라는 오류를 선택할 수도 있어야 한다. 우리를 진짜 정상으로 이끄는 힘은 오류를 범할지라도 그것을 뛰어넘을 수 있는 용기에 있기 때문이다.

다랑이논이 가르쳐준 이기심과 공동체의 황금 비율

인도네시아 발리의 다랑이논

은 그 모습이 아름답고 경이롭다. 하지만 다랑이논에서 농사를 짓는 것을 보면 더 경이롭게 느껴진다.

다랑이논은 상호 협력과 공동체의식이 없으면 농사 자체를 지을 수 없는 지형이다. 다랑이논에서는 농사에 필요한 물이 맨 위쪽 논을 돌고 그 아래로 내려가야 한다. 물이 많을 때는 문제가 되지 않는다. 모든 논이 물 들어오는 것과 나가는 곳의 수문을 동시에 열어놓으면 된다. 문제는 물이 부족할 때다. 위쪽 논들이 물을 가둬두고 내려주지 않으면 아래쪽 논들의 벼는 모두 말라죽게 된다. 위쪽 논을 물로 다 채운 다음 내려준다 해도 그 밑의 논은 때를 놓치기 십상이다. 어느 정도 채우고 내려주느냐가 관건인데, 이 시스템을 유지시켜주는 것이 바로 공동체의식이다. 자신의 이기심을 적당히 채우면서 공동체에 기여하는 비율이 중요하다. 다랑이논은 이 중요한 비율을 오랜 경험을 통해 축적해놓은 결과를 상징적으로 보여준다. 이기심만 채울 경우 결과적으로 나 자신에게도 좋지 않다는 피드백을 받게 되고, 이기심과 이타심의 조화로운 경계를 유지할 수 있어야 한다.

다랑이논의 시스템이 원활하게 작동하는 원리는 구조는 직렬적인데 운영은 병렬적으로 이루어지는 데 있다. 물의 흐름은 맨 위 논부터 하나씩 아래로 내려가는 직렬 구조이지만 맨 아래에 있는 논의 벼들도 잘 자랄 수 있도록 물의 흐름을 관리하는 공존의 지혜다.

이 오랜 지혜를 우리나라 기업들의 하도급 구조에 적용하면 원·하도급 간 공생의 길이 열릴 수 있다. 수십만 개 부품이 들어가는 자동차 등 제조업의 경우 그 생산체제가 수직적·직렬적 구조일 수밖에 없지만 운영은 다랑이논처럼 병렬적으로 할 수 있다.

현재 우리 한국 사회는 일자리 창출, 저출산 고령화 문제 등을 해결하기 위해 노력하고 있지만 좀처럼 해법을 찾지 못하고 있다. 그 이유는 무엇일까? 부분적이고 근시안적인 방법에만 집중하기 때문이다. 마치 2차 세계대전 때 미국 공군이 전투기의 안전성을 높이기 위해 전투기에 뚫린 총알구멍에 철갑을 덧씌우려고 했던 것과 같은 방식에 매몰되어 있기 때문이다. 저출산 문제만 해도 그렇다. 문제의 근본 원인은 '낮은 출산율'이 아니라 젊은이들이 느끼는 '낮아진 희망의 온도'에 있는데, 출산율 높이기에 철갑을 씌우려 하고 있다.

모든 사회문제의 해법은 '부분이 아니라 전체를 보고 생각하는 눈'의 지혜를 통해 찾을 수 있다. 그리고 그것은 개인의 이기심을 채우면서 공동체에 기여하는 황금 비율을 통해 현실화될 수 있다.

5

우리의 미래는 우리가 원했던 미래일까?

'극장국가' 북한을 어떻게 상대할 것인가

1994년 7월, 군대 훈련소를 나와 자대에 배치된 지 얼마 지나지 않은 어느 날 새벽이었다. 부대 전체에 벨이 울리며 비상이 걸렸다. 영문도 모른 채 완전군장을 하고 밖으로 나왔다. 훈련에 대한 어떤 예고도 없었기에 큰일이 났구나 생각했다.

그런데 정말로 큰일이 터졌다. 그날이 바로 북한의 김일성이 사망한 날이었다. 몇 해 전 소련을 시작으로 동구권 공산주의 국가들이 줄줄이 무너진 상황이었기에 당시 대부분의 전문가들은 김일성의 사망 이후 북한에 소요 사태가 발생할 가능성이 높다고 판단했다. 김정일이 김일성만큼 북한 사회를 장악할 수 없다고 생각했기 때문이다. 더구나 당시 북한은 심각한 기근으로 최악의 경제적 어려움까지 겪고 있었다.

이런 전망은 모두 빗나가고 말았다. 17년이 흐른 후 전문가들은 똑

같은 전망을 내놓았다. 2011년 12월 17일 김정일이 사망했을 때였다. 김정일의 뒤를 이은 20대의 김정은이 과연 정권을 안정적으로 유지할 수 있을지 회의적인 시각이 많았다. 기껏해야 고모부인 장성택에 의한 수렴청정이 이루어질 것이라는 예상이 지배적이었다.

하지만 그 예상도 빗나갔다. 김씨 왕조의 세습 권력은 3대인 김정은에서 끝날 것이라는 우려와 달리 김정은은 안정적으로(?) 북한을 철권 통치하고 있다.

자신감을 얻었는지 2018 평창동계올림픽을 계기로 국제 외교 무대에 데뷔해 남북정상회담은 물론 미 · 북정상회담까지 성공적으로 치뤄냈다. 세계를 향해서는 '정상국가'의 '정상적인 지도자'의 이미지를 심어주려 노력하고 있다.

3대에 걸친 북한의 권력 세습은 어떻게 가능했을까? 여러 가지 분석이 있지만, 가장 기본적인 힘은 '총'이라고 할 수 있다. 군대를 완벽하게 장악하고 이를 바탕으로 강압적인 지배력을 유지하고 있는 것이다. 그런데 그것만이 다일까? 무력이 북한 체제를 지탱하는 힘의 전부일까?

'느가라'를 아는가?

인류학자인 권헌익 케임브리지대 교수와 정병호 한양대 교수는 둘이 공저한 《극장국가 북한》에서 무력만으로는 북한 체제를 설명할 수 없다고 말하며, '극장국가'라는 개념에서 권력 유지의 열쇠를 찾는다.

'느가라(Negara)'를 아는가? 네덜란드의 식민지로 편입되기 이전 인도네시아 발리에 있었던 국가의 이름이다. 서양의 정치학자와 인류학자들은 느가라라는 국가의 정치체제를 관개농업의 통제를 기반으로 하는 전제군주 독재체제로 이해했다. 하지만 미국 인류학자 클리퍼드 기어츠는 '극장국가'라는 틀을 통해 이루어지는 발리의 상징적 의례 행위가 단순히 권력의 장식품이나 이데올로기가 아니라 오히려 권력 그 자체를 의미한다는 것을 밝혀냈다. 《극장국가 느가라》는 그의 오랜 연구 결과물이다.

느가라 주민들에게 국가 의례는 정치권력을 유지시키기 위한 수단이 아니라 그 자체가 국가의 목적이었다고 기어츠는 이해했다. 그들에게 우주와 인간은 분리될 수 없으며, 인간의 삶과 문화는 그 관계를 재현하는 수단이자 목표가 된다. 이를테면 궁전은 성스러운 공간과 세속적 공간, 공적인 공간과 사적인 공간을 구분하는 우주적 질서의 재현이다. 그렇기 때문에 궁전은 발리인들의 형이상학적 존재론이 재현되는 공간, 즉 사원이기도 하다. 마찬가지로 사람들은 스스로를 우주적 질서 속에서 이해하고 있으며, 그 정점에 왕이 있다.

이와 같은 기어츠의 연구 결과는 동아시아 국가의 정치체제를 이해하는 데 중요한 열쇠 역할을 했다. 《극장국가 북한》의 저자들도 기어츠가 만들어낸 개념으로 북한을 분석했다.

유격대 국가에서 극장국가로

북한이라는 체제가 성립되고 유지된 배경에는 신격화된 김일성의 존재가 있었다. 김일성의 정통성은 항일무장투쟁에 기반한다. 김일성은 항일무장투쟁의 역사를 국가적 담론으로 이끌어 정통성의 뿌리로 삼았고 "아직 제국주의와의 전쟁은 끝나지 않았다"고 선동하며 북한을 병영국가로 만들었다.

일본의 대표적 북한학 연구자인 와다 하루키 도쿄대 교수는 '유격대 국가론'으로 북한의 체제를 설명한다. 김일성과 달리 김정일은 항일무장투쟁이라는 신격화의 소재와 스토리가 없었다. 그는 아버지 김일성이 구축한 정통성의 소재와 스토리를 세습받고자 했다. 이에 대해 와다 교수는 "유격대 국가는 극장국가의 설계사 · 연출가를 필요로 했다. 그 역할을 담당한 것이 수령(김일성을 지칭)의 아들 김정일"이라고 말했다. 이는 김정일의 정치 경력과도 관련된다. 김정일은 1970년대 초 예술사업으로 정치활동을 시작했다. 1971년 김일성의 60회 생일기념사업으로 혁명가극 〈피바다〉를 만들었고 1972년에는 〈꽃 파는 처녀〉를 선보였다. 이 같은 혁명가극과 대규모 공연을 이용해 권위를 이상화하는 법을 직접 터득한 것이다.

김일성 사후 '고난의 행군' 시절, 김정일은 금수산궁전 개축, 조선로동당창건기념탑과 같은 신격화의 기념물들을 완성하는 데 집중했다. 극장국가를 위한 대형 상징물과 구조물을 완성한 것이다. 경제적으로 어려운 시기에 국가적 에너지를 경제를 살리는 데 쓰지 않고 왜 이런 기념물들을 지었는지 와다 교수가 묻자 북한의 한 안내원이 말했다.

"우리 조선 사람에게 가장 중요한 것은 정치입니다. 우리는 필요하다면 정치를 위해 굶주림을 참고 목숨을 바칠 준비가 되어 있습니다."

극장국가의 완성판은 혁명가극 〈아리랑〉이다. 10만 명에 가까운 인민이 출연하는 〈아리랑〉은 그 자체로 혁명 학습과 사상 교육의 장이었다. 이를 통해 주민들은 스스로 극장국가의 일원이 되었다.

김정일의 두려움, 김정은의 자신감

김정일과 김정은의 가장 큰 차이는 직함이다. 김정일은 죽을 때까지 '국방위원장'으로 불렸다. 이는 김일성 사후 '선군정치'를 상징하는 명칭이기도 하지만 김정일의 두려움이 담긴 명칭이기도 하다. 즉, 군대를 꼭 틀어쥐고 있지 않으면 권력을 유지하기 어렵다는 공포 때문에 국방위원장이라는 타이틀을 고수했다. 김정은은 국방위원장이라는 타이틀 대신 '노동당위원장'이라는 직함을 달았다(국무위원장은 대외적으로 사용하는 직함이다). 여기에는 아버지의 권위를 넘어서지 않겠다는 마음보다 당을 통해서도 권력을 유지할 수 있다는 자신감이 더 크게 작용했다. 공산국가는 원래 일당독재를 기본 원리로 하기 때문에 북한 체제가 비상시국에서 정상으로 돌아왔다는 의미도 된다.

또한 김정일 시대가 극장국가를 만들어가는 과정이었다면 김정은 시대는 극장국가를 완성하는 단계에 접어들었다고 볼 수 있다. 핵과 미사일의 보유가 이를 상징한다. 핵을 보유함으로써 미국을 비롯한 어떤 나라와도 맞설 수 있는 무력을 갖추게 되었고, 이는 극장국가를 호위하는 강력하고도 실제적인 울타리를 건설하게 되었다는 것을 의미한다.

'백두혈통'의 권력 승계는 이른바 '총대철학'을 따른다. 그동안 2개의 총이 등장했는데, 1926년 6월 김일성이 그의 어머니 강반석으로부터 받은 총과 1952년 김정일이 김일성으로부터 받은 총이다. 그렇다면 김정은이 김정일에게서 물려받은 총은? 바로 핵과 미사일이다. 김정은의 혁명극장 무대에는 핵과 미사일이 있는 것이다. 김정은이 극장국가의 문을 열어젖히려는 이유도 여기에 기반한 자신감에 있다.

북한의 미래

영화에 빠져 있으면 현실과 영화를 구별하지 못할 수 있다. 하지만 영화가 끝나고 출구가 열리면 이내 현실로 돌아오게 된다. 북한의 지배 세력이 안고 있는 딜레마와 근본적인 공포도 여기에 있다. 극장의 문이 열린 후에도 극장국가가 유지될 수 있을까? 예상은 무의미하다. 답도 알 수 없다. 기어츠는 이에 대해 다음과 같은 조언을 들려준다.

"자랑스러운 성취는 그러나 동시에 비극적 실패이기도 했다. 북한은 카리스마의 자연적 수명에 저항하여 영원한 권위를 성취하겠다는 각오로 인위적이고 과장된 대중 동원의 예술 정치로 무장한 극장국가로 변모해가기 위해 스스로를 몰아쳐갔다. 이러면서 정치적으로 독립적이며 사회적으로 민주적이며 경제적으로도 풍요로운 공동체를 건설한다는, 20세기 혁명국가로서의 근본 목적으로부터 점점 멀어져갔다. 그 실패는 도덕적인 동시에 구조적인 것이었다. 달리 말해 그것이 심각한 구조적 실패가 된 것은 전면적인 도덕적 실패였기 때문이다. 현대에는 생존력 있는 사회 없이 생존력 있는 국가는 없다. 북한의 역사는 국민(인민)의 역사가 아니라 국민의 역사를 가장해 사회에 강요한 국가의 역사에 불과하다. 극장국가의 환상을 깨버리고 그 파편 속에서 진정한 북한 혁명의 보물을 회복하라. 극장국가의 환상을 무너뜨릴, 새로운 북한 혁명을 시작하고자 하는 용기가 필요하다. 현대 세계가 받아들일 수도 없는 신비주의적 상징의 연출가 역할을 끝내야 한다."

여기서 말하는 북한 혁명은 정상국가, 국제사회의 일원, 평화 공존 같은 것이다. 우리는 지금 살짝 열린 극장 문의 틈새로 안을 들여다보고 가능성을 엿보며 평화와 번영의 미래를 기원하고 있다. 미래는 장담할 수 없지만, 서두르지 않고 한 걸음 한 걸음 전진한다는 생각으로 차분하게 진정성을 가지고 대화하고 타협할 때 발전적인 남북관계와 국제사회에 기여하는 결과를 만들어낼 수 있다는 점은 분명하다.

미국은 체스를,
중국은 바둑을 두는데…

이스라엘 역자학자 유발 하라리는 “역사학자들이 과거를 공부하는 것은 그것을 반복하기 위해서가 아니라 그것에서 해방되기 위해서”라고 말했다. 사람들이 역사를 공부하는 이유 역시 과거라는 손아귀에서 벗어나기 위해서다.

인류의 역사를 돌아볼 때 가장 주목을 끄는 것 중의 하나가 ‘전쟁’이다. 특히 기존의 패권국과 새로이 부상하는 신흥국의 전쟁은 피할 수 없는 대결로 역사를 움직여왔다. 그런 차원에서 보면 오늘날은 미국과 중국이 전쟁을 벌이는 형국이라고 할 수 있다. ‘G2’로 불리는 두 나라의 싸움은 앞으로 어떻게 전개되어 어떤 결과를 가져올까?

두려움이 전쟁을 낳는다

《예정된 전쟁》의 저자 그레이엄 앨리슨은 지난 500년 동안 세력 교체의 기록을 연구하는 '투키디데스의 함정 프로젝트'를 진행하고 나서 패권국과 신흥국 간의 전쟁 확률이 75%라는 결과를 도출했다. 이 프로젝트의 이름이 '투키디데스의 함정'인 이유는 투키디데스가 《펠로폰네소스 전쟁사》에서 패권국인 스파르타와 신흥 세력인 아테네의 갈등 구조를 설명하면서 사용했던 개념을 차용하고 있기 때문이다. 투키디데스는 "전쟁이 필연적이었던 것은 아테네의 부상(浮上)과 그에 따라 스파르타에 스며든 두려움 때문이었다"고 했다.

투키디데스에 따르면 당사국들의 직접적인 의도가 무엇이건 새로 부상하는 세력이 지배 세력을 대체할 정도로 위협적일 경우에 그에 따른 구조적 압박이 무력 충돌로 이어진 현상은 예외적이라기보다는 법칙에 가깝다. 이 법칙을 증명하려고 한 시도가 바로 투키디데스의 함정 프로젝트다. 프로젝트 결과를 보면 15세기 말 포르투갈과 에스파냐의 세력 교체부터 미국과 소련 간 냉전까지 기존 패권국과 신흥국 사이에 16차례의 충돌이 있었다. 이 중에서 1 · 2차 세계대전, 중 · 일전쟁을 포함해 12번은 전쟁으로 끝이 났고, 미 · 소 냉전을 포함해 단 4차례만 직접적인 전쟁을 모면했다. 500년간 패권국과 신흥국 간 대결이 전쟁으로 비화할 확률이 75%를 넘는 셈이다. 그레이엄 앨리슨은 현재 벌어지고 있는 미국과 중국의 갈등 대결을 17번째 투키디데스의 함정으로 보고 있다.

리처드 닉슨 대통령과 헨리 키신저 국무장관이 1971년 '죽의 장막'을 열어젖힐 때만 해도 중국이 미국의 경쟁국으로 성장할지는 누구도 예상하지 못했다. 당시에 미국이 중국과 외교관계를 정상화한 것은 일종의 이이제이(以夷制夷) 전략이었다. 냉전시대 경쟁국이었던 소련을 견제할 목적으로 중국과 손을 잡은 것이다. 그런데 그 중국이 미국의 경쟁국이 되었다. 무섭게 성장하는 중국을 보면서 닉슨은 말년에 자신의 친구이자 연설문 작성자였던 윌리엄 새파이어에게 이렇게 털어놨다고 한다.

"우리가 프랑켄슈타인을 만든 것인지도 모르겠네."

닉슨 대통령에 의해 국가안보보좌관으로 발탁되었을 때 키신저는 중국에 대해 잘 알지 못했다. 그의 전공은 유럽사였기 때문이다. 키신저는 하버드대 동료이자 중국사 권위자인 존 킹 페어뱅크 교수로부터 속성 과외를 받았다. 그때 페어뱅크 교수는 중국의 외교정책을 3가지 핵심 원리로 분석했다. 주변 지역에 대한 지배력을 갖는다, 이웃 국가들은 중국의 내재적 우월함을 인식하고 존중해야 한다, 이웃 국가들과의 조화로운 공존을 지휘하기 위해 이런 지배력과 우월함을 기꺼이 사용한다는 것이다.

페어뱅크 교수가 말한 중국 외교의 핵심 원리는 역사가 깊다. 그것이 제도로 자리 잡은 것이 바로 기미정책과 조공체제다. 기미(羈縻)는 소나 말에 씌우는 굴레를 말하는 것으로, 기미정책은 굴레를 씌워 말을 다루듯 주변국을 속령화하는 정책이며, 책봉(冊封)이나 조공(朝貢) 같은 수단을 활용한다. 여기에는 주변국이 따라야 할 2가지 조건이 있다.

우선 중국 황제의 연호를 사용해야 하고 임금과 세자는 황제 나라의 책봉을 받아야 한다. 즉, 주변국은 중국의 지배력과 우월함을 인정해야 하고 그렇지 않을 경우 중국은 이런 지배력과 우월함을 사용해서 응징한다는 이야기다. 중국의 역대 왕조와 우리나라의 왕조가 맺어온 관계는 이를 보여주는 대표적인 사례다. 고려와 조선은 중국 왕조가 요구하는 조건을 충실히 따름으로써 나름의 독자성을 유지할 수 있었다.

기미정책과 조공체제는 청나라의 멸망과 함께 공식적으로 폐기되었다. 왕정체제가 사라진 현대의 국제질서와 어울릴 수 없는 원칙이기도 했다. 그러나 그 속성은 사라지지 않았고, 중국의 급부상과 함께 부활의 조짐을 보이고 있다. 미국 합동참모본부 의장을 지낸 마틴 뎀프시는 이렇게 말한다.

"중국인들을 대하면서 무척 흥미롭다고 생각했던 점들 중 하나는 그들과 국제 기준이나 국제적 행동 규칙에 대해서 대화를 나눌 때마다 그들은 반드시 그런 규칙은 자신들이 세계 무대에 없었을 때 만들어진 것이라고 지적한 일입니다."

중국은 현재의 국제질서를 규정하는 규칙들은 미국이 만든 것이고, 또 자신들이 세계 무대에서 빠져 있는 상황에서 만들어진 것이기 때문에 자신들이 슈퍼 파워로 성장한 지금은 그런 규칙들을 다시 만들어야 한다고 생각한다는 것이다. 바꿔 말하면 '아테네의 부상과 그에 따라 스파르타에 스며든 두려움'이라는 투키디데스의 말을 '중국의 부상과 그에 따라 미국에 스며든 두려움'으로 표현할 수 있는 상황이 된 것이다.

위험한 게임

우리가 여기서 주목해야 할 부분은 17번째 투키디데스의 함정은 과거에 있었던 16번의 투기디데스의 함정과 기본적으로 성격이 다르다는 점이다. 지난 16번의 대결에서는 패권국과 신흥국이 대부분 같은 '게임의 룰'을 따랐다. 서로가 인정하는 룰에 따라 체스를 뒀다는 말이다. 하지만 현재의 미국과 중국은 서로 다른 게임의 룰을 따른다. 미국은 체스를, 중국은 바둑을 두는 것이다.

체스와 바둑은 게임의 룰뿐 아니라 목표 자체부터 다르다. 체스는 중심부를 지배하며 상대의 왕을 쓰러뜨리는 것이 목표다. 반면 바둑은 상대를 둘러싸고 땅을 넓히는 것을 목표로 한다. 체스를 두듯 외교정책을 펴는 미국은 상대국에 우호적인 정부가 들어서는 것을 목표로 삼는다. 적대적인 국가에는 이라크의 후세인 정부를 무너뜨린 것처럼 직접적인 레짐 체인지(regime change)를 시도하기도 한다. 미국의 외교안보 전문가였던 즈비그뉴 브레진스키가 유라시아대륙을 미국의 외교전략을 위한 '거대한 체스판'이라고 표현한 이유도 여기에 있다.

반면에 중국은 상대국이 중국의 영향력 안으로만 들어오면 내정 문제에 대해 그다지 신경 쓰지 않는다. 중화제국 시절의 기미정책을 그대로 잇고 있다고 볼 수 있다. 중국은 또 이웃 국가들과 외교적 · 경제적 연결 고리를 더 강화하여 이들 나라가 중국에 더 깊이 의존하도록 만든다. 그래서 중국의 전략가들은 상대와의 더 넓은 관계 속에서 모든 차원에 주의를 기울이면서 섣불리 승리를 향해 돌진하지 않고 점진적으로 유리한 부분들을 쌓아나가려고 한다. 아프리카 국가들에 대한 대규모 원조와 투자, 시진핑 주석이 추진하는 일대일로(一帶一路) 등은 모두 이런 기조의 연장선상에 있다.

앨리슨은 데이비드 라이 미국 육군대학 교수의 말을 인용해 미국 정부에 경고한다.

"체스를 하는 태도로 '고(바둑)' 게임을 하는 것은 위험하다. 지나치게 공격적이 되어서 마구 뻗어나가다가 결국 힘이 달리고 전장에서 약점을 노출하게 되고 말기 때문이다."

앨리슨은 중국을 상대하는 미국의 지도자들에게 투키디데스의 함정을 피하기 위한 조언을 한다.

- 핵심 국가 이익을 분명히 하라
- 중국의 목표가 무엇인지를 이해하라
- 구체적인 전략을 만들어라
- 실패한 정치시스템을 개편하라

앨리슨은 또 미국과 중국의 갈등이 전쟁으로 비화할 수 있는 시나리오를 몇 가지 제시했다. 남중국해에서 미국과 중국의 충돌, 대만의 독립을 둘러싼 미·중의 충돌, 그리고 북한의 붕괴다.

북한의 붕괴 시나리오는 김정은의 갑작스러운 사망으로 시작된다. 권력 장악을 위한 군부 내 싸움이 벌어지고, 한반도는 일시에 대혼돈 국면으로 빠져든다. 일촉즉발의 북한 상황을 관리하기 위해 중국과 미국이 특수부대를 파견하게 되고, 우발적인 총격전으로 사상자가 발생

한다. 핵무기 사용과 국경지대의 혼란과 관련한 염려와 불안이 커져가는 가운데 충돌이 확산되다가 미국과 중국은 결국 전면전의 대결을 벌인다. 누구도 바라지 않는 섬짓한 시나리오다. 결코 현실화되어서는 안 될 일이다.

앨리슨의 조언과 시나리오는 어디까지나 미국의 지도자들을 향해 있다. 미국은 한국과 동맹관계에 있지만 우리의 국가 이익이 미국의 국가 이익과 같을 수 없다. 앨리슨의 조언대로 핵심적 국가 이익을 분명히 하여 그에 맞게 전략을 짜고, 시스템을 바꾸어야 한다. 그리고 그 방향으로 국론을 통일시켜야 한다. 개별 집단의 이념과 이익에 따라 친미, 친중, 친일, 친러로 분열되어서는 100년 전 구한말의 치욕적 역사를 되풀이할 수밖에 없다.

20세기 중반 한반도의 분단은 미국과 소련의 냉전이라는 투키디데스의 함정에서 비롯되었다. 그렇다면 21세기에 펼쳐지고 있는 미국과 중국의 전쟁이라는 투키디데스의 함정은 우리에게 어떤 영향을 미치게 될까? 정확한 예측은 어렵지만, 한 가지만은 분명해 보인다. 그 함정에 빠지지 않기 위한 가장 확실한 길 말이다. 바로 한반도의 평화 공존, 더 나아가 평화 통일이다. 우리는 이를 위해 투키디데스의 함정을 예의주시하면서 북한을 포함한 주변국들의 역학관계를 적극 활용할 수 있어야 한다.

미래는 '다운사이징'에 있다

미래 예측은 다원다차함수를 푸는 것과 같다. 인구 변화, 산업구조 재편, 기술 발전, 정치적 변동, 경쟁국의 움직임 등 미래를 구성하는 변수들이 무수하게 많기 때문이다. 이 많은 변수 중 인구 변화를 상수로 전환시키면 복잡한 다원다차함수 풀이가 훨씬 쉬워진다. 특히 인구 변화는 산업구조의 재편, 정치적 변동 등 다른 변수들을 결정하는 중요한 키워드이기도 하다.

인구학자이자 《정해진 미래》의 저자 조영태 서울대 보건대학원 교수는 두 딸에게 피아노와 서예만 가르칠 뿐 '입시용 사교육'을 완전히 끊었다. 그는 현재 학부모들이 아이들 사교육에 올인하는 것은 미래에 기반한 판단이 아니라 현재의 기준에 따른 판단이라고 주장한다.

"학부모들이 자녀를 교육할 때 미래의 사회적 환경이 아니라 자신이

겪어본 과거와 현재의 환경과 조건을 기준으로 생각하는 한 불안함은 어쩔 수 없다. 그러나 아이들을 위한다면 뜨거운 사랑 못지않은 냉철한 판단 또한 필요하지 않을까. 초등학생 자녀의 대입 혹은 대졸 이후의 삶을 설계하면서 현재의 대입 경쟁률과 대졸자의 삶을 염두에 둔다는 것은 그 자체로 모순 아니겠는가."

조 교수의 이런 결정은 인구학적 근거에 따른 판단이다. 2002년생들이 본격적으로 대학에 들어가는 2021년쯤에는 실제 대입 경쟁률이 1대 1 이하로 떨어진다. 대학 정원은 현재 52만 명 정도 되는데 2002년생들은 40만 명 수준이 되기 때문이다. 단순히 경쟁률 차원이 아니라 미래에는 대학 졸업장이 가져다줄 가치가 지금보다는 현저하게 줄어들 것이 뻔하다. 이미 직원 채용에서 대학 졸업장보다 자격증을 선호하는 기업들이 늘어나고 있다. 또한 고령화가 진행되면서 은퇴 연령이 정해지지 않은 변호사와 의사 같은 전문직이 누릴 수 있는 경제적 이점 역시 사라질 수 있다. 조 교수는 "지금은 의사나 변호사 같은 전문적인 직업들이 전문성과 희소성이 있지만 앞으로는 턱도 없는 말"이라며 "그런 직업은 정해진 은퇴 시기가 없어 노동시장에 계속 남아 있어 빈자리가 나지 않는 한 신규 세대가 들어갈 수 없다"고 말한다.

조 교수의 말대로 인구 변화를 염두에 두지 않는 미래 설계는 위험하다. 아이들이 어떤 직업을 갖기를 바라는 부모들의 소망이 현재적 관점에서는 합리적이라고 할 수 있지만 아이들이 사회에 진출하는 2030년이 되면 지금과 다른 세상이 될 것이기 때문이다.

느리게, 소박하게, 고요하게

2016년 박근혜 정부는 '대한민국 출산지도'라는 걸 공개해서 여론의 뭇매를 맞았다. 출산지도에는 지자체별로 가임기 여성(20~44세) 숫자가 표시되어 있고 가임기 여성 숫자에 따라 순위까지 매겨져 있다. 이뿐만이 아니다. 이른바 '저출산 대책'을 발표하면서 "2017년부터 '2만 명+α' 더 낳도록 하겠다"고 밝혔다. 저출산 문제와 여성에 대한 정부의 시각이 얼마나 천박한 수준인지를 그대로 드러낸 것이다.

조 교수는 출산율을 높이는 것은 정책의 목표가 아니라 결과여야 한다고 주장한다. 삶의 질, 특히 여성의 삶의 질을 높이면 출산율은 그 결과로 자연스럽게 높아진다는 얘기다. 지당한 말씀이다.

한때 여성의 사회 진출이 저출산의 원인이라는 지적이 있었다. 그 근거 중 하나가 유엔개발계획의 인간개발지수(HDI)가 높을수록 출산율이 떨어지는 통계였다. 하지만 이는 발전의 초기 단계에만 해당되는 현상이다. 1970년대까지만 해도 인간개발지수가 0.9 수준을 넘는 나라가 없었고, 2005년 이후 HDI가 0.9를 넘는 나라들을 조사해보면 오히려 출산율이 증가하는 경향을 나타냈다.

"과거에는 삶의 질이 0.9 이상 높은 나라가 없었기에 잘살면 아이를 덜 낳는다는 '반쪽의 진실'만 나타났는데, 사회 구성원들이 인간적으로 행복한 삶을 영위하면 아이도 많이 낳게 된다는 나머지 진실이 드러난 것이다. 결국 저출산 문제를 풀기 위해서는 인간의 삶의 질을 높여야 한다는 결론이 나온다."

특히 여성의 경제활동 참가율을 높이는 것은 저출산과 저성장이라는 두 마리 토끼를 잡는 정책이 될 수 있다. 그런데 우리나라 15~64세 여성의 경제활동 참가율을 보면 2012년 기준 55.2%로 OECD 평균인 65.3%보다 10%포인트 이상 낮다. 더 심각한 문제는 고용의 질이다. 한국 여성의 경제활동을 보면 30대 중반의 참가율이 뚝 떨어지는 M자형 그래프를 그리는 것이 특징이다. 출산과 육아로 직장을 그만두는 경우가 그만큼 많다는 얘기다. 아이들이 성장하고 나서 여성들이 다시 노동시장에 진출하지만 대부분 비정규직, 저임금이라는 조건을 받아들일 수밖에 없게 된다.

우리 사회는 출산율이 높아지더라도 베이비붐 시대와 같은 인구 증가의 시대로 돌아갈 수 없다. 출산 가능한 연령대의 여성 인구가 이미 줄어들었기 때문이다. 인구정책의 목표를 '숫자'에 두지 말고 '질'에 두어야 하는 이유가 여기에 있다. 오히려 줄어드는 경제 규모와 인구에 맞춰 국가를 다운사이징해야 할 필요가 있는 것이다.

"작아지는 사회 규모에 우리의 제도와 문화 그리고 인식까지도 큰 무리 없이 적응할 수 있도록 미리 준비해야 한다. 그런 점에서 다운사이징은 비단 규모의 축소만을 의미하는 것이 아니다. 그보다는 오히려 규모에 맞춘 새로운 체질을 발굴하고 개선하는 것을 가리킨다."

어쩌면 다운사이징은 대한민국 근대화를 이끌어왔던 삶의 철학과 국가의 철학을 바꾸는 일이다. '더 빠르게', '더 크게', '더 높게'가 아니라 '느리고 소박하고 고요한' 삶의 태도로 전환하는 일이다.

늙어가는 일본이 말해주는 것들

우리보다 15년 앞서 '저출산 고령화'의 저주를 겪은 일본이 이 저주를 어떻게 풀어나가고 있는지를 보여주는 책이 있다. 《일본 디플레이션의 진실》(모타니 고스케)이다.

경제 기사를 쓰다 보면 경제 기사만큼 의도한 대로 사실을 왜곡하기 쉬운 분야가 없다는 사실을 알게 된다. 수없이 널려 있는 경제 통계 중 부정적 통계만 묶으면 비관적 경제 전망 기사를 쓸 수 있고 긍정적 통계만 묶으면 낙관적 전망 기사를 쓸 수 있다. 이런 일은 기자들만 하는 것도 아니다. 경제 관료나 경제학자 역시 마찬가지다. 관료들은 유리한 방향으로 통계를 왜곡하려는 유혹을 느끼고 경제학자들은 현실을 모델 속에 끼워 맞추기 위해 통계를 곡해한다.

모타니 고스케 일본총합연구소 수석연구원은 기자와 경제학자와 경제 관료가 저지를 수 있는 오류를 최소화하여 일본 경제를 분석한다. 일본 경제의 가장 큰 위험은 고령화와 동시에 진행되고 있는 생산가능인구의 급격한 감소다. 경제 엔진이 계속 작동하게 하려면 고령화와 생산가능인구의 급격한 감소로 야기되는 유효수요를 일정 수준 이상으로 유지하게 해줘야 한다. 여기에 저출산 문제의 심각성이 있다. 고스케는 '저출산 고령화 사회 극복'을 위한 3가지 정책 목표로 생산가능인구 감소 추세 둔화시키기, 생산가능인구의 개인소득 총액 유지, 개인소비 총액 유지 등을 제시한다. 이는 한국에도 유효한 정책 목표다. 아베 정권은 모타니 고스케의 경고와 제언을 어느 정도 받아들인 듯하다. 기업들에 노동자의 임금 인상을 지속적으로 요구하는 것만 봐도 그렇다. 모타니 고스케는 저임금의 문제를 날카롭게 지적한다.

"일본 기업의 생산성이 낮은 것은 '생산 능력이 과잉된 상태에서 수년간 가격 인하 경쟁을 계속해온 결과, 생산성의 분자=부가가치액의 주요 부분인 내부 유보와 인건비가 구조적으로 저수준이 되어버렸기' 때문이지, 분모=노동자 수의 과잉 때문이 아닙니다. 즉, '비용절감을 거듭하여 이익 저하를 감수하고 소모전으로 저가격 대량생산을 계속한다'라는 것이 특기로 굳어져버린 상태입니다."

한국 기업 역시 마찬가지다. 고임금이 문제가 아니라 저임금이 문제다. 저임금을 찾아서 한국에서 중국으로, 다시 베트남으로, 스리랑카로 떠나는 한국 기업에는 희망이 없다.

"부동산 개발의 경우라면 두바이 초고층 개발과 경쟁해서 승리하는 것이 아니라 파리의 거리보다도 자산가치가 높은 중저층의 거리를 도쿄나 오사카에 만들 수 있는지 여부가 진정한 승부입니다."

한국도 더 크게, 더 높게 만들려는 토건업자 마인드를 벗어나지 않으면 선진 경제로 진입할 수 없다. 현대자동차는 서울 삼성동 한국전력 용지에 국내 최고층 빌딩을 짓겠다는 목표를 밝혔다. 현대차의 목표는 '최고층 빌딩'이 아니라 '최고의 자동차'가 되어야 한다.

"인건비를 삭감하고 납품 기업의 가격을 터무니없이 깎으면서 다 같이 비용절감에 매진하고 있는 사이에 서로의 매상이 줄고 일본 기업사회 전체의 부가가치액이 정체됩니다."

"'최소한의 경제성장 없이는 경제사회를 안정적으로 운영하기 힘들다'라는 말은 맞습니다. 그러나 그 역이 참은 아닙니다. 이것을 반대로 뒤집어서 '많든 적든 경제성장만 달성하면 경제사회의 여러 개별 문제들은 해결된다. 그러니 먼저 경제성장을 위해 노력해라'라는 주장으로 바꿔버리면 사실과 다른 부분이 드러나게 됩니다. 앞에서 이야기한 생산성과 같은 경우입니다. 부가가치액이 상승한 결과로 생산성이 올라간다면 문제가 없지만, 생산성을 올리는 자기목적화가 되어버리면 오히려 인원 정리로 부가가치액을 떨어뜨리기 십상입니다."

부가가치를 높이는 방향으로 경제와 경영이 움직여야 한다. 비용절감에 혈안이 되어 인건비 타령만 일삼는 사회와 기업에는 미래가 없다. 결국 쪼그라들다가 침체의 늪에 빠져 영영 헤어나오지 못할 것이다. 가치를 생각해야 한다.

'멋진 마을'은 어떻게 탄생했을까?

우리나라 자치단체장들과 국회의원들은 노상 '지역 발전'을 외친다. 그러면서 그 방법은 중앙에서만 찾으려고 한다. 중앙정부에 더 많은 예산 배정을 요구하고 산업특구 지정을 촉구한다. 또 대기업들에 각종 혜택을 제시하며 투자를 요청한다. 그러다 보니 지역발전정책이라는 것이 특색도 없고 자연히 효과도 없다. 외침은 구두선으로 그친다.

지역 발전의 해법은 어디에 있을까?

가장 행복한 마을

일본의 논픽션 작가 후지요시 마사하루는 《이토록 멋진 마을》라는 책에서 지역 발전의 해법은 중앙이 아니라 지역에서 찾아야 한다고 주장한다.

"결국 지역의 과제는 문제에 직면한 지역에서 해결할 수밖에 없다. 국가적 정책은 지방에서 효과를 내기 어렵다. '향토주의'가 효과를 발휘하는 까닭이 여기에 있다."

일본 중부 외곽에 위치한 인구 79만 명 정도의 작은 도시인 후쿠이현 도야마시는 일본에서 가장 행복한 동네로 꼽힌다. 나고야처럼 대기업이 있는 것도 아니고 홋카이도처럼 관광도시도 아니다. 어업의 중심지도, 자원의 중심지도 아니다. 그런데 이런 곳이 일본에서 초·중학교 학력평가 1위, 정규직 사원 비율 1위, 대졸 취업률 1위, 인구 10만 명당 서점 수 1위, 노동자 가구 실수입 1위를 기록했다. 지난 10년간 행복도 조사에서도 1위를 차지했다. 어떻게 이런 일이 가능했을까?

도야마시의 오늘은 2002년 취임하여 지금까지 4연임 중인 모리 마사시 시장이 있어서 가능했다. 모리 시장은 취임 후 도시의 미래 계획을 수립할 팀을 꾸린다. 간부들은 모두 제외시키고 젊은 직원들로만 팀을 구성했다. 이유는 간단했다. 간부들은 은퇴가 멀지 않기 때문에 미래 세대에 부담을 주는 방향으로 정책을 수립할 가능성이 크다. 또한 자신들이 살아온 성장 시대의 정책에 익숙하기 때문에 저성장 시대를 대비한 정책을 마련하기가 어렵다. 결정적으로 현재 정하는 정책에 따라 비용을 부담하고 책임을 지게 되는 당사자는 젊은 세대다.

이렇게 해서 나온 대표적인 정책이 '콤팩트시티'다. 걸어서 20분 안에 의식주를 모두 해결할 수 있게 한다는 목표 아래 도심에 슈퍼마켓과 병원을 유치하고, 도심으로 이주해오는 이들에게 보조금을 지급하고 트램(tram, 노면전차) 등 대중교통 수단을 확충했다. 사실 이 모델은 미국 오리건주 포틀랜드시에서 유래했다. 1979년 불경기가 시작되면서 주택건설업이 침체되고 주력 산업이던 임업이 타격을 받자 포틀랜드시는 경제 활성화와 난개발 방지라는 2가지 과제에 직면했다. 이를 해결하기 위해 나온 것이 '도시성장경계선'이라는 개념이었다.

도시성장경계선은 20년 후의 인구 예측에 기초하여 도시의 성장을 계산한 뒤 개발할 수 있는 영역에 선을 그은 것이다. 경계선을 만들면 난개발과 무계획한 도시 확대를 막을 수 있다. 주요 거점 지역을 매력적인 곳으로 만들기 위해 재정을 집중 투자하면서 콤팩트시티 계획이 효과를 보이기 시작했다. 도심 인구가 8년 사이 1만 7,736명이나 늘었고, 특히 24~40세의 젊은 인구가 시내로 유입되어 전입 초과를 기록하게 되었다. 도심 자체가 활력을 찾기 시작한 것이다.

지역에서 더 급격하게 진행되는 고령화 문제도 도야마시는 아주 재미있는 정책으로 해결했다. 노인 인구가 많아지면 의료비 지출이 늘어나는 반면 소비 여력은 떨어져서 지역 전체가 경기 활력을 잃게 되는데, 도야마시는 이에 대한 해결책으로 '손자와 외출 지원정책'을 실시했다. 박물관, 과학관, 동물원 등 여가문화시설에 손자나 증손자를 데려올 경우 무료로 입장시켜주는 정책이었다. 별것 아닌 것처럼 보이는 이 정책의 효과는 놀라웠다. 모리 시장은 이에 대해 이렇게 설명했다.

"손자와 함께 하는 것만으로 시의 시설을 무료로 이용할 수 있으면 외출할 기회가 많아집니다. 집에 틀어박히지 않고 밖으로 나와 걷다 보면 고령자의 건강 수명은 늘어나지요. 이것은 미래의 의료비를 절감하는 요인이 됩니다. 게다가 손자를 데리고 가면 반드시 지갑 끈이 느슨해집니다. 가령 아빠 엄마는 동물원에 가면 아이스크림을 한 개밖에 사주지 않아요. 할머니라면? 세 개 정도는 사줄 겁니다. 귀갓길에 할아버지는 손자를 데리고 초밥집에서 식사를 할 수 있겠지요. 고령자의 외출이 지역 경제에 공헌하는 셈입니다. 이뿐입니까? 외출하는 습관으로 노인은 건강해지고 손자에게는 조부모 세대와 교류할 기회가 마련되는 것입니다."

이와 비슷한 정책이 또 있다. '외출 정기권 정책'으로 65세 이상의 노인이 대중교통을 통해 중심 시가지로 올 때 교통비를 4~10% 정도 깎아주는 정책이다. 이 정책으로 노인들의 활동이 늘면서 의료비 지출은 줄어들고 소비 지출은 늘어났다.

도야마시는 이 정책을 관광객들에게까지 확대 실시했다. 도시를 찾는 관광객들에게 경전철 무료권을 나눠주었다. 액수로 치면 1인당 200엔 정도밖에 되지 않지만 그 효과는 기대 이상이었다. 2011년 4월 도야마시에서 묵은 외국인 숙박객은 522명에 불과했으나 2014년 4월에는 19배인 9,739명로 폭증했다. 무료 티켓 효과로 여행객이 도야마시를 그냥 지나치지 않고 1박을 추가해서 시내 관광을 한 것이다. 사실 이 정책도 스위스의 바젤을 본뜬 것이다.

모리 시장은 시간이 날 때마다 여행을 다닌다. 함부르크, 밀라노, 헬싱키 등 외국의 '멋진 마을들'을 며칠씩 탐방해 아이디어를 얻고 이를 지역에 맞게 시행하기 위해서다.

사양산업에서 이룬 시장점유율 1위 기업의 철학

후쿠이현에서는 세계 시장점유율 1위 제품을 14개나 생산하고 있으며, 일본 1위 제품과 기술도 51개나 있다. 하지만 이 역시 대기업의 대규모 투자로 이루어진 것이 아니다. 지역의 중소기업들이 이룬 성과다. 그런데 시장점유율 세계 1위 제품들은 대부분 사양산업으로 일컬어지는 안경, 섬유, 칠기 같은 분야에서 나왔다. 한 예로 후쿠이현 사바에시에 있는 아게하라직물공업에서 아게하라 벨벳을 생산하는데, 세계 시장의 25%를 차지한다. 섬유산업이 사양산업이어도 부가가치가 높은 제품을 만들어내면 성공할 수 있다는 것을 보여준다. 사바에시 지역연계 코디네이터로 활동하는 데미즈 씨는 이렇게 말한다.

"섬유와 칠기는 사양이라고 말합니다만 어느 사장님은 이렇게 웃어 넘겼습니다. '세상 사람들은 사양 사양 입버릇처럼 말하지만 무엇이 왜 사양인가? 첨단을 향해 진행되는 산업 속성상 이전 것은 언제나 사양이 될 수밖에 없을 뿐이다'라고요."

해당 산업은 사양일지 모르지만 고부가가치 제품으로 살아남은 기업들은 더 강해진다는 뜻이다.

사바에시에서는 지역민들이 창업에 도전할 수 있도록 지자체가 뒷받침한다. 사양산업일지라도 가치를 더해 더 높은 수준으로 혁신할 수 있도록 적극적으로 도와주고 있다.

후쿠이현은 교육 경쟁력 면에서도 전국 1위에 올라 있다. 이를 가능하게 하는 것이 '사고 과정의 가시화'라는 교육철학이다. 후쿠이에서는 학생들이 학교에서 무엇을 배웠는지 직접 보고서로 쓰게 한다. 사고 과정을 반추해보면 자신의 처음 생각과 토론 후 생각이 어떻게 달라졌는지 알 수 있게 된다. 이와 같은 사고 과정의 가시화로 배움이 깊어지고 넓어지면서 창조적 사고가 일어나고 협력의 중요성을 체감하게 되는 것이다.

"가령 릴레이에서는 0.1초 단축을 목표로 한다. 목표가 정해지면 팀마다 기록을 단축할 방법을 생각한다. 발이 빠른 학생이 바통 패스 거리에서 조금 더 길게 달린다거나 바통을 잡을 때 손 내미는 방법을 바꾸어본다거나 여러 방법을 생각해 그것을 적는다. 알게 된 것, 생각한 것, 다음에 해보겠다고 결심한 것 등을 망라해 쓴다. 다 써놓고 보면 다음 체육수업 시간에 잊지 않고 확인해서 생각을 어디에 집중할지 판단할 수 있다. 기록 단축이 목적이기 때문에 그룹이 협동하지 않으면 안 된다. 발이 빠른 학생과 느린 학생의 협력이 필수적인 것이다."

또 후쿠이현의 학교에서는 수학교실을 학년마다 따로 만들어 수업을 진행한다. 1학년생이 사용하는 교실 벽에는 2학년생과 3학년생이 수업에 사용한 그래프나 공식이 붙어 있다. 정상까지 이어지는 등산로에 무엇이 있는지를 미리 보여주는 셈이다.

"학생들은 왜 1차 함수를 배운 직후 1차 방정식을 배우는지 그 이유를 모릅니다. 교사가 '오늘부터 1차 방정식이다'라고 말하면서 교과서를 펴라고 하기 때문에 그냥 막연하게 공부하는 것에 불과합니다. 그러나 수학교실에 오면 지금 공부하는 수학이 1년 뒤, 2년 뒤에 '이렇게 되네' 하는 이미지를 떠올릴 수 있게 됩니다. 향후 전망과 배움의 전체상이 보이는 체제이지요."

'정말로 멋진 마을' 후쿠이현은 오늘의 우리에게 앞으로 도달하게 될 정상을 알려주는 등산로일 수 있다. 하지만 우리가 정작 후쿠이현에서 눈여겨봐야 할 것은 그들이 시행하는 정책 그 자체가 아니라 그들의 상상력이다. 생각의 힘을 길러주는 그들의 상상력이 오늘의 정책을 발전적으로, 지속적으로 변화시키며 학생들을 더 나은 미래의 인재로 키워내는 산실이다.

우리는 어떤가? 지역 개발을 한다 하면 아직도 대기업 유치나 대규모 쇼핑단지 조성, 카지노를 포함한 관광단지 개발 정도밖에 생각하지 못하는 상상력 빈곤에 시달리고 있지 않은가. 후쿠이현은 그런 우리에게 눈앞의 생선만 보지 말고 어장을 중시하라는 충고를 던진다.

우리는 더 스웨덴스러워져야 한다

버락 오바마 미국 대통령이 건강보험 개혁을 추진할 때 보수주의 경제학자인 대니얼 미첼은 신문에 '스웨덴이 미국처럼 변화할 때 왜 오바마는 미국을 스웨덴처럼 만드는가?'라는 제하의 칼럼을 썼다. 스웨덴도 복지를 축소하는데 왜 미국은 복지를 늘리려고 하느냐는 질문이었다.

미국의 수학자 조던 엘렌버그는 《틀리지 않는 법》이라는 책에서 미첼의 질문에 대답을 내놓는다. 잘 알려진 래퍼곡선을 이용해서 보수주의자들의 질문을 무참히 짓밟아버린 것이다. 그는 수학자답게 그래프로 자신의 생각을 설명한다. 한마디로 스웨덴이 A지점에서 B지점으로 이동(복지 축소)했다고 해서 미국도 오른쪽 지점에서 왼쪽 지점으로 이동할 필요는 없다는 것이다. 스웨덴 입장에서는 A에서 B로 이동하는 것이 총량을 늘리는 길(번영으로 가는 길)이지만 아직 미국은 더 스웨덴

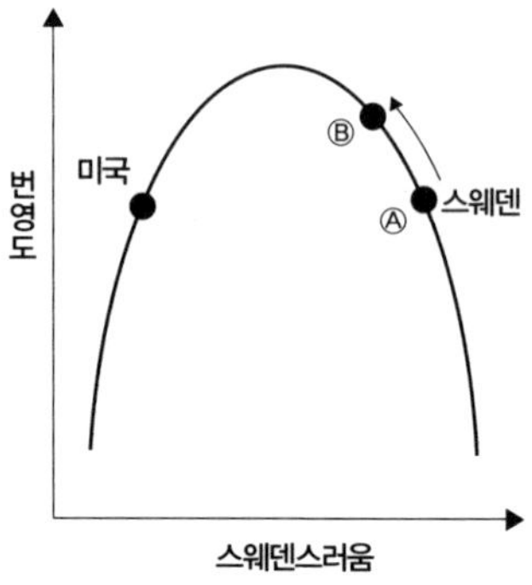

스러워지는 것이 번영으로 가는 길이라는 설명이다. 한마디로 복지 축소를 논할 때가 아니라는 충고다.

근로시간이나 복지제도, 노동자의 권리 측면에서 스웨덴과는 비교할 수 없이 뒤떨어진 대한민국에서도 미첼의 질문이 나온다. 근로시간 단축과 임금 인상을 주장하면 수출 경쟁력이 떨어진다고 걱정하고 복지 확대를 추진하면 복지 과잉으로 국민들이 나태해진다며 반대한다. 그런데 참 이상한 일이다. 일하는 시간이 짧고 가장 튼튼한 복지제도를 갖추고 있는 스웨덴, 덴마크, 노르웨이, 핀란드 같은 북유럽 국가들은 매년 조사하는 국가경쟁력 순위에서 늘 10위권 안에 들어 있으니 말이다. 그들의 논리대로 보자면 과잉 복지로 오래전에 망했어야 하는 나라들이다.

북유럽 나라들 가운데서 노르웨이를 제외하면 자연자원의 혜택을 누리는 나라는 없다. 대부분 인적자원이 이 나라들의 가장 큰 경쟁력이다. 요즘 유행하는 말로 북유럽 사람들이 '워라밸(Work & Life Balance)'을 즐기면서 튼튼한 사회복지제도를 유지하고 국가경쟁력도 지키는 비결은 무엇일까?

복지가 경제 활력을 떨어뜨린다?

역사상 부부가 모두 노벨상을 받은 커플은 다섯이다. 이 중 네 부부는 마리 퀴리와 피에르 퀴리 부부처럼 공동 연구를 통해 동시 수상을 했고, 단 한 부부만 각각의 업적으로 따로 수상했다. 바로 스웨덴 경제학자 군나르 뮈르달과 사회학자 알바 뮈르달 부부다. 남편인 군나르 뮈르달은 1974년 노벨경제학상을 받았고, 부인인 알바 뮈르달은 1982년 노벨평화상을 받았다.

스웨덴 사람들은 뮈르달 부부를 노벨상 수상자로만 기억하지 않는다. 그보다는 스웨덴 복지제도의 설계자로 이 부부를 기억한다.

1950년대 스웨덴은 경제위기를 맞았다. 노동 인구가 줄면서 경제의 활력이 떨어지기 시작했다. 스웨덴 정부는 이 부부에게 문제의 해법을 찾아줄 것을 요청했다. 부부가 3년의 연구 끝에 내놓은 결과가 《인구 문제의 위기》라는 책인데, 여기에 복지정책에 대한 제안을 담았다. 스웨덴 사민당은 아예 이들 부부를 장관으로 임명해 자신들의 정책 제안을 직접 수행하도록 했다.

뮈르달 부부가 도입한 대표적인 정책은 육아휴직제도다. 그냥 육아휴직제도가 아니라 남성과 여성이 육아휴직을 의무적으로 반반씩 쓰도록 한 강력한 정책이다. 이 제도가 가져온 효과는 엄청났다. 《북유럽 비즈니스 산책》을 쓴 하수정 북유럽연구소 소장은 그 효과를 이렇게 설명한다.

"남성이 육아휴직을 하면 애착관계를 형성하는 시점에 아이가 아빠와 가까워지고, 남성과 여성의 가사 분담이 자연스러워진다. 가정 내

순기능은 말할 것도 없다. 그런데 이것보다 더 큰 이유가 있다. 남성의 육아휴직은 고용시장에 중요한 영향을 미친다. 고용주가 여성을 고용하기를 꺼리는 이유는 결혼했거나 결혼을 앞둔 여성은 조만간 아이를 낳고 휴직할 것이라고 보기 때문이다. 하지만 남성도 똑같이 육아휴직을 한다면 고용주가 굳이 여성을 꺼릴 이유가 없어진다. 남성도 똑같은 상황이기 때문이다. 여성이든 남성이든 부모 휴가를 갈 수 있고 또 당연히 원래의 자리로 돌아오는 문화가 정착된다."

이 제도가 양성평등 문화를 만들고 그런 문화가 스웨덴의 경쟁력을 만들었다는 이야기다.

복지가 확대되면 무임승차자가 늘어나서 경제 활력이 떨어진다는 것은 복지 확대를 반대하는 사람들이 내세우는 대표적 논리다. 이에 대해 스웨덴 내무부 장관을 지낸 라르스 다니엘손 전 주한 스웨덴 대사는 이렇게 대답했다.

"어디에나 시스템을 남용하는 사람은 있다. 하지만 생각만큼 많지 않다. 스웨덴에는 복지국가가 어떻게 돌아가야 하는가에 대한 사회적 합의가 있다. 복지 혜택을 누리는 동시에 국가 시스템에 반드시 기여해야 한다. 혜택만 누릴 수는 없다. 그러면 이를 어떻게 실현하는가. 신뢰의 문제로 돌아온다. 스웨덴 사람들은 시스템을 신뢰한다. 복지는 모두를 위한 것이다. 시스템은 약하고 가난한 사람들을 보호해야 한다. 하지만 나 같은 고소득자도 복지의 혜택을 받는다. 이걸 이해하면 복지시스템에 기꺼이 기여한다."

그러면서 한마디 덧붙인다.

"스웨덴의 선거는 복지제도를 '어떻게 바꾸느냐'가 아니라 '누가 이 제도를 가장 잘 운영할 수 있느냐'다."

오늘의 스웨덴을 만든 곳

스웨덴 출신으로 프랑스 파리정치대학 유럽연구센터 연구원으로 활동하는 옌뉘 안데르손은 《도서관과 작업장》이라는 책에서 스웨덴이 지속가능한 복지가 가능했던 이유를 복지제도와 근로윤리의 결합에서 찾는다.

"스웨덴 복지국가는 결코 게으르거나 약한 이들을 위한 자선시스템이었던 적이 없다. 오히려 그 핵심에는 근로윤리가 있다. 이로 인해 역사적으로 사회정책에서 다양한 사회집단들이 소중한 노동 예비군으로 규정되었고 노골적으로 이들의 생산 잠재력 실현을 목표로 하는 복지 수단들이 탄생했다."

그리고 그는 스웨덴이 그렇게 훌륭한 복지시스템을 유지하면서도 국가적 경쟁력을 유지하는 바탕에는 도서관이 있다고 밝힌다. 한마디로 스웨덴식 사회민주주의는 도서관이 있어 가능했다는 것이다.

1850년대 스웨덴에는 2가지 흐름의 사회운동이 있었다. 하나는 교회를 중심으로 한 금주운동이었고(추울수록 밤이 길수록 술을 많이 마시고 특히 독주를 마신다), 하나는 노동조합을 중심으로 한 노동운동이었다. 이 두 흐름의 운동이 합쳐서 1870년대부터 '민중학습' 운동이 일어난다. 쉽게 말해서 긴 밤에 모여서 술 마시지 말고 책을 읽자는 운동이다. 그렇게 모여서 책을 읽던 곳이 독서방이 되었고 독서방이 커져서 도서관이 되었다.

1882년 스톡홀름에 '노동도서관'이 처음 등장했고 1901년에는 스톡홀름에서 노동도서관을 이용하는 그룹이 1만 250개에 달했다. 1912년에는 시민들의 자발적인 학습이나 독서활동에 대해 재정적 지원을 하는 '민중도서관지원법'이 제정되어 도서관이 공동체의 중심으로 자리 잡았다. 학습이 국민들 사이에서 거대한 운동으로 일어나고 이를 도서관이 뒷받침할 수 있도록 지원을 제도화함으로써 스웨덴은 발전의 초석을 다질 수 있었다.

스웨덴 사민당은 스웨덴의 현대성을 규정하는 3가지 요소로 문자해독력, 민주주의의 확대, 노동계급의 연대를 꼽는다. 이 모두가 도서관이 있어서 가능한 일이었다. 1990년대 스웨덴 사민당 당수와 총리를 지낸 요란 페르손은 "스웨덴 국민은 전 세계에서 가장 박식한 국민이다. 다른 나라 사람들보다 더 많이 읽고 이해할 수 있다"고 말했다. 도서관에 대한 자부심을 드러낸 것이다.

스웨덴 기업들의 경쟁력도 도서관에서 나온다. 특히 노동조합은 기술과 경제 구조의 변화에 대해 남다른 태도를 보인다. 늘 현대화의 편에 섰을 뿐 아니라 기술 변화에 대한 두려움이 없다. 그것이 가능했던 바탕에는 노동운동의 중요한 흐름이 바로 '민중학습' 운동이었기 때문이다. 옌뉘 안데르손은 "이렇게 끊임없는 변화와 현대화를 추진하는 능력이야말로 미래의 길을 여는 (스웨덴의) 역사적 자산"이라고 말한다.

"현대화는 내부로부터 출현한 무엇, 즉 스웨덴의 영혼 안에 묻어 들어가 있는 본능이 되었다. 영국의 정치문화에서는 현대성이 번영과 경쟁의 시장을 통해 규정된 데 반해 스웨덴에서는 현대화가 연대와 협동의 확대 과정이었다."

이런 문화 속에서 지식은 자기만의 독점적 이익을 위한 소유물이 아닌 공유되어야 할 사회적 자산이 된다.

스웨덴의 자동차회사인 볼보의 엔지니어 닐스 볼린은 1959년 어깨에서 대각선으로 내려온 뒤 다시 무릎을 덮는 '3점식 안전벨트'를 세계 최초로 개발했다. 오늘날까지도 쓰이는 3점식 안전벨트는 차량의 가장 중요한 안전 기능이며, 자동차산업 120년 역사 동안 가장 혁신적이며 널리 사용된 장치다. 1963년 볼보는 미국을 비롯한 세계 시장에 3점식 안전벨트를 론칭했다. 이 3점식 안전벨트는 자동차 탑승자가 다칠 위험을 50~60% 가까이 감소시킨 것으로 나타났다. 그런데 볼보는 자기 회사에 엄청난 이익을 가져다줄 수 있는 이 독점적 지식재산권을 모든 자동차회사에 공개하고 공유하게 한다. 사람의 안전을 위한 기술은 독점할 수 없다는 것이 이유였다.

4차 산업혁명으로 불리는 지식경제의 시대, 사람들이 스웨덴의 미래를 낙관하는 이유도 이러한 지식의 공유문화에 기반한다.

사회적 신뢰가 힘이다

2018년 1월, 스웨덴의 최대 기업 중 하나인 이케아(IKEA) 창립자 잉바르 캄프라드가 91세의 나이로 사망했다.

하지만 그의 사망 소식을 전하는 스웨덴 언론의 논조는 담담했다. 뉴스의 헤드라인을 장식하지도 못했다. 대부분 언론은 '잉바르 캄프라드 사망'이나 '이케아 창립자 별세' 정도의 제목을 붙인 부음 기사로 처리했다. 기사의 양이나 크기 면에서는 오히려 한국 언론들이 더 적극적으로 보도하는 듯한 인상이었다.

그의 사망 소식에 스웨덴 언론이 냉담했던 이유는 2가지다. 하나는 그의 '나치 전력'이고, 하나는 '탈세 전력'이다. 캄프라드는 이케아가 설립되던 시기인 1943년 스웨덴의 나치 지지 정당인 '새로운 스웨덴 운동'에 16세의 나이로 가입했다. 또 그는 노동자들을 위해 기업이 부담하는 사회보장세를 내지 않기 위해 1973년 이케아 본사를 네덜란드 델프트로 옮겼다. 또 1990년대 초반 유럽의 대표적 조세 피난처인 리히텐슈타인에 '인터로고'라는 재단을 세우고 무려 17억~22억 유로(2조 2,000억~2조 7,700억 원)를 탈세한 사실이 드러났다. 한마디로 그는 공동체 의식이 없고 사회적 신뢰를 지키지 않은 기업인이라는 낙인이 찍히게 되었다.

사실 북유럽의 복지제도는 '신뢰'로 유지된다. 스웨덴, 덴마크, 핀란드, 노르웨이는 모두 높은 세율을 자랑하는데, 특별히 이 나라 사람들이 세금 내기를 좋아해서 그런 것이 아니다. 내가 낸 세금이 나를 포함한 우리 이웃들을 위해 쓰일 것이라는 믿음, 내가 낸 것보다 더 많이 나에게 돌아올 것이라는 믿음이 이 시스템을 굴러가게 만든다.

2011년 OECD가 '다른 사람을 믿느냐?'는 설문조사를 실시했는데 '믿는다'고 답한 사람의 비율이 가장 높은 나라 1~4위가 덴마크, 노르웨이, 핀란드, 스웨덴으로 모두 북유럽 국가였다. 또 국제투명성기구가 조사한 부패인식지수 1~4위도 덴마크, 핀란드, 스웨덴, 노르웨이였다. 이런 신뢰가 기업하기 좋은 환경을 만들고 운영 비용을 낮춘다. 또 신뢰의 문화는 고부가가치사업의 경쟁력이기도 하다. 북유럽 국가들이 전자공학과 제약 등 지식산업에서 경쟁력을 확보하고 있는 이유이기도 하다.

우리 사회는 변곡점에 와 있다. 더 이상 세계 최장의 노동시간, 대기업 중심의 경제 구조만으로는 대한민국의 경쟁력을 키울 수 없다. 무엇보다 이런 시스템 아래에서는 많은 사람이 행복하지 못하다. 가치의 우선순위, 일과 삶을 대하는 태도, 아이들을 키우는 법, 행복해지는 법까지 '거대한 전환'이 필요한 시점이다. 그런 면에서 스웨덴을 비롯한 북유럽 국가들은 우리에게 거대한 전환의 등대가 될 수 있다.